SEMENTE

Os 7 passos fundamentais para começar seu próprio negócio

Wayne Fox

Copyright © 2014 por Wayne Fox. Todos os direitos reservados. Nenhuma parte deste livro pode ser reproduzida de qualquer forma sem permissão por escrito do autor. Os revisores podem citar breves passagens nas resenhas.

Isenção de responsabilidade e isenção de responsabilidade da FTC

Nenhuma parte desta publicação pode ser reproduzida ou transmitida de qualquer forma ou por qualquer meio, mecânico ou eletrônico, incluindo fotocópia ou gravação, ou por qualquer sistema de armazenamento e recuperação de informações, ou transmitida por e-mail sem permissão por escrito do editor.

Embora tenham sido feitas todas as tentativas para verificar as informações fornecidas nesta publicação, o autor não assume qualquer responsabilidade por erros, omissões ou interpretações contrárias do assunto aqui tratado.

Este livro é apenas para fins de entretenimento. As opiniões expressas são de responsabilidade exclusiva do autor e não devem ser consideradas instruções ou comandos de especialistas. O leitor é responsável por suas próprias ações.

A adesão a todas as leis e regulamentos aplicáveis, incluindo licenciamento profissional internacional federal, estadual e local, práticas comerciais, publicidade e todos os outros aspectos de fazer negócios nos EUA, Canadá, Reino Unido ou qualquer outra jurisdição é de responsabilidade exclusiva do comprador ou leitor.

O autor não assume qualquer responsabilidade ou obrigação em nome do comprador ou leitor deste material.

Qualquer desrespeito percebido por qualquer indivíduo ou organização é puramente não intencional. Às vezes uso links afiliados com o conteúdo do livro. Isso significa que, ao fazer uma compra, receberei uma comissão de vendas. Isso, no entanto, não significa que minha opinião esteja à venda. Todos os links de afiliados listados no livro são os serviços e produtos para os quais eu mesmo usei e achei úteis. O leitor ou comprador deve fazer sua própria pesquisa antes de fazer uma compra online.

Conteúdo

1. Introdução
2. Você realmente quer começar um negócio?
3. A realidade deprimente
4. Conheça sua personalidade e construa seu plano em torno disso
5. O que isso significa?
6. Que tipo de negócio?
7. Entendendo você
8. As opções para iniciar um negócio
9. Identifique seus clientes-alvo
10. Como você alcançará seu objetivo?
11. As finanças
12. Escolha uma estrutura jurídica
13. Configurando o negócio
14. Serviço de entrega
15. Teste e aperfeiçoe o modelo
16. Coloque um plano em prática.
17. Obstáculos
18. Conclusão
19. Sobre o autor

Introdução

Você já quis abrir um negócio, mas não sabia por onde começar? Talvez você tenha algumas peças faltando em seu "quebra-cabeça de negócios"?

Existem muitos livros por aí que oferecem dicas úteis sobre como começar um negócio, mas a maioria é escrita por pessoas que nunca fizeram isso sozinhas, ou os chamados "professores de negócios". Não tenho nada contra essas pessoas ou seu trabalho. Na verdade, admiro a paixão deles pelo que fazem, mas falar sobre isso e realmente fazer são duas coisas muito diferentes.

Decidi escrever este livro por dois motivos. Primeiro porque pude ver uma necessidade no mercado. Há muitas pessoas com ideias de negócios, mas sem todas as peças do quebra-cabeça e lutando para fazer as coisas caminharem na direção certa.

Em segundo lugar, porque estive submerso no mundo dos negócios durante toda a minha vida, e é uma forte paixão minha na qual tenho a sorte de ter tido algum sucesso, pensei em passar a minha experiência para ajudar outros para iniciar seus sonhos.

Ouso dizer que você pode ler outros livros de empresários experientes que lhe dizem para fazer as coisas de uma maneira um pouco diferente da minha, e tudo bem também. Não estou afirmando ser um deus dos negócios. Só estou contando o que aprendi na esperança de que você também consiga um pouco de sucesso com isso. Estamos todos em uma jornada de aprendizado e provavelmente ajustarei ainda mais meu livro mais tarde, se aprender uma maneira um pouco melhor de fazer algo. Com a tecnologia evoluindo mais rápido do que consigo amarrar os cadarços, isso é bem possível.

Começar seu negócio pode ser uma experiência incrível. Você está no comando do seu próprio destino. É o tipo de experiência que, uma vez iniciada, você nunca mais vai querer ser um escravo assalariado. Espero que este livro ajude você a iniciar seu caminho.

Você realmente quer começar um negócio?

Você é autodisciplinado? Você consegue pensar estrategicamente? Você é um resolvedor de problemas? Você é persistente? Você é ambicioso?

Se você estiver feliz em se contentar apenas com o que está lá fora, é provável que alguém tire isso de você. Se você já viu *Dinastia* (a série de TV), você tem uma noção de como funciona o mundo dos negócios. Exceto que eu diria que é um pouco mais amigável no mundo real e menos enganoso, então não fique muito preso a essa ideia do mundo dos negócios. Se as coisas acontecessem como na série de TV, os negócios não durariam muito, pois ninguém confiaria em você. Como você descobrirá, a maior parte do sucesso empresarial é ditada pela confiança.

Os negócios são um mundo cruel; se você não está pronto para lutar por aquilo que acredita, não comece. Definitivamente, você precisa de uma equipe de pessoas ao seu redor para construir um negócio de sucesso.

Você pode construir um negócio medíocre, mas mesmo isso é improvável. Por exemplo, o que acontece quando você bate em uma parede de tijolos, o que provavelmente acontecerá ocasionalmente?

Ou talvez você se depare com um problema? Se você não for persistente ou um bom solucionador de problemas, provavelmente desistirá.

Se você não for autodisciplinado, quem o manterá sob controle quando houver trabalho a ser feito, mas você prefere dar uma olhada no Facebook ou assistir a algum reality show na TV?

A realidade deprimente

Se você pretende iniciar seu próprio negócio, é justo que conheça algumas estatísticas sobre o mundo em que está prestes a entrar. Este é um pequeno capítulo que trata dos fatos e estatísticas alarmantes sobre o início de empresas. Alguns podem ver isso como algo negativo, mas se você for como eu, usará isso como uma ferramenta motivacional para provar que não faz parte dessas estatísticas. Trata-se também de se preparar para reduzir qualquer responsabilidade pessoal em caso de falha.

Você pode ser excepcional?

90% dos novos negócios falham nos primeiros cinco anos. Isso significa que se apenas 10% das empresas conseguem, então você precisa ser excepcional no que faz. Ser excepcional no que você faz significa mais do que entregar um produto ou serviço.

Ser excepcional significa ser o melhor em criar algo que o cliente deseja, deixar um número suficiente de pessoas saberem disso por meio de seus esforços de marketing, alcançar níveis fantásticos de vendas, fazer com que os clientes batam na sua porta para comprá-lo, então o produto também deve ser entregue excepcionalmente, entregue com cuidado, mas também com qualidade perfeccionista.

Depois de entregá-lo, você precisa administrar as finanças, sendo pago pelo que faz, ao mesmo tempo que ganha dinheiro suficiente para pagar todas as despesas e despesas gerais do seu negócio. Depois de gerenciar as finanças, você provavelmente terá alguns problemas de suporte para resolver. Isso é o que chamo de infraestrutura do negócio, mas eles cobrem coisas como administrar as instalações da sua empresa, ter sistemas funcionando corretamente, classificar problemas de TI e apenas questões gerais. problemas que você provavelmente desejaria que outra pessoa pudesse resolver. Se você já trabalhou em uma empresa maior, esses são os tipos de coisas que você considera naturais, mas são essenciais para manter o negócio funcionando.

Você ainda acha que pode ser excepcional?

Não sabemos as estatísticas exatas sobre por que eles falham, mas os motivos mais comuns são:

- Falta de planejamento
- Não ser persistente

- Proprietários desiludidos (os fundadores estão ganhando menos do que trabalhando)
- Excesso de concentração de recursos ou foco em um ou dois clientes
- Mau controle das finanças e gestão do fluxo de caixa
- Paixão perdida no negócio

Um típico fundador de startup terá:

- 1-2 meses de salário na poupança
- Experiência prática, mas muito pouca experiência de todo o negócio e dos processos envolvidos
- Uma atitude semelhante a "Se posso fazer isso trabalhando para ele, posso fazer isso trabalhando para mim mesmo"

Neste ponto, acho importante enfatizar que se você não gosta do som disso até agora e acha que começar um negócio não é mais para você, isso é justo. O objetivo de levá-lo nessa jornada foi mostrar primeiro o lado negativo, para que tudo a partir de agora o ajude a construir um negócio de sucesso, estando sempre atento aos aspectos negativos. Eu poderia ter começado contando como a vida é incrível, mas você configuraria seu negócio com uma mentalidade completamente diferente. Você prepararia tudo para falhar na primeira decepção.

Existem algumas opções disponíveis para você iniciar um negócio. Não desanime. Provavelmente ainda existe outra maneira de você realizar seus sonhos. Continue lendo e mostrarei como.

Conheça sua personalidade e construa seu plano em torno disso

Inseri um link no final deste capítulo. Isso lhe dará um teste rápido de dois minutos e o ajudará a identificar o tipo de personalidade que você tem. Você já deve ter ouvido falar sobre perfil de personalidade antes; você pode ter feito isso na escola, faculdade ou universidade, ou se seu empregador foi inteligente, você provavelmente fez isso com eles. A maioria dos sistemas de criação de perfis, entretanto, não lhe diz o que fazer com esse conhecimento depois de obtê-lo.

Ao conhecer sua personalidade, você pode identificar em que tipo de funções você será mais forte. Isso não significa que você será um lixo no resto, mas é melhor se concentrar naquilo em que você é mais forte. Muitas pessoas se concentram em suas habilidades mais fracas e depois se perguntam por que não têm muito sucesso. Você tem pontos fortes por uma razão – então use-os.

Como exemplo disso, somos ensinados a nos concentrar em nossas fraquezas desde cedo, durante os anos escolares. Seremos pobres em alguma coisa e teremos trabalho extra para fazer em casa, talvez alguma mensalidade adicional para desenvolver nosso conhecimento sobre algo em que não somos bons. Provavelmente, não estamos interessados nesse assunto específico, mas por alguma razão somos ensinados que temos que ser bons em tudo ou então seremos um fracasso.

E daí se fôssemos bons em apenas uma matéria? Neste exemplo escolar, vamos supor que somos bons em aprender línguas.

Se concentrássemos todos os nossos anos escolares nessa matéria, provavelmente seríamos fluentes em vários idiomas e nos tornaríamos notáveis nas comunicações posteriores. Pense nos empregos disponíveis para pessoas que conseguem se comunicar em vários idiomas.

Em vez disso, temos que nos concentrar nas matérias em que éramos ruins e, eventualmente, saímos da escola com notas médias em cada matéria. O mesmo exemplo vale para os tradicionais exames de final de semestre. Embora existam outras formas de medir o sucesso acadêmico, uma das mais utilizadas são os exames de final de semestre.

A menos que você seja bom em memorizar coisas, você será um péssimo nos exames, mas por que há tanta ênfase neste formulário ou em testar e medir o sucesso acadêmico, se for esse o caso? Você pode ser brilhante em resolver problemas na hora e pensar rápido, mas não existe exame para isso, então você deve ser um fracasso, certo?

Errado. Se você se avaliar em relação aos pontos fortes de outra pessoa, poderá parecer um fracasso comparado a ela. Entendo meus próprios pontos fortes, sou uma pessoa naturalmente criativa e posso lhe dar 1.000 soluções para 10 problemas. Sei que meu ponto forte está em usar minha natureza criativa e estratégica para ajudar outras pessoas. Eu era um lixo na escola e tirava notas médias, sendo Matemática minha melhor matéria.

A única razão para obter uma nota decente nesta matéria foi porque metade da nota foi medida num projeto de sala de aula, enquanto a outra metade foi no exame de final de ano. Consegui uma aprovação de 98% no projeto em sala de aula, o melhor da turma, mas por pouco não consegui passar no exame.

Embora eu possa executar muitos conjuntos de habilidades necessárias nos negócios, sei que não sou tão forte quanto as pessoas que se especializam em outras áreas.

Por exemplo, sei que preciso de alguém que se concentre nas vendas, alguém que se concentre nos detalhes da entrega do serviço ou produto e talvez de alguém que construa meus sistemas de back office e infraestrutura de TI.

As pessoas costumam ver meu histórico de negócios em crescimento muito rapidamente e esperam que eu seja um vendedor de alto desempenho. Embora eu possa vender, sou bastante mediano na habilidade de persuasão. Meu sucesso no crescimento rápido de negócios vem das estratégias que usei, elas são meu conjunto de habilidades e são aquelas que mantenho agora.

Sempre que me desviei de minhas próprias habilidades e me concentrei em algum outro tipo de habilidade na qual não sou forte, as coisas não correram bem para mim. É um pouco como quando você vê gurus na internet se oferecendo para te ensinar como se tornar um milionário em bitcoin.

Eu sei que tentar negociar bitcoin seria um desastre, não é minha habilidade, não tenho a atenção necessária aos detalhes e, portanto, se tentasse imitar o sucesso de outra pessoa nesse campo, acabaria negligenciando algo importante e provavelmente acabará falido.

Tudo isso se resume à autoconsciência, e esse processo começa com a compreensão do seu perfil de personalidade. Ao fazer o teste de personalidade a seguir, você iniciará o caminho para seu próprio sucesso e compreenderá melhor seu próximo passo. Esta é provavelmente a parte mais importante do seu futuro e pode poupar-lhe muito exame de consciência, bem como alguns desastres no futuro.

Aqui está o link. Vá para www.geniusu.com. Levará dois minutos e é grátis. É muito importante que você faça o teste online antes de prosseguir no livro.

O que isso significa?

Talvez você tenha notado que há vários vídeos no site do link falando sobre seu tipo de personalidade e o que isso significa. Esperamos que você tenha dedicado alguns minutos para assisti-los e entendê-los um pouco melhor. Para o nosso propósito, vamos resumi-los abaixo e você entenderá como é importante usarmos isso para seguir em frente. Como você provavelmente já sabe, o teste de perfil foi algo que o colega empresário e autor de negócios Roger Hamilton desenvolveu, e é o único teste que encontrei que ajuda você a entender o que seu resultado significa.

Aprofundei os significados para que você entenda melhor o seu perfil e entenda quais são as melhores opções para avançar com sua ideia de negócio. Eu ficaria feliz em ouvir de você e saber qual é a sua genialidade, pois isso é algo que realmente me interessa, e quem sabe, talvez possamos até trabalhar em algo juntos.

Gênio do Dínamo

Desenvolva conceitos e ideias em um modelo de negócios físico

Forças:

- Criando coisas
- Inventando coisas
- Melhorar as coisas e torná-las melhores
- Estratégias e resolução de problemas
- Inovação

Tipo de negócio ideal:

- Novo negócio ou um negócio ao qual você pode adicionar novos produtos e serviços

Gênio da Chama

Venda, construção de canais de vendas e rotas para o mercado

Forças:

- Pessoas
- Relacionamentos
- Promoção

Tipo de negócio ideal:

- Franquia de vendas
- Promover uma marca
- Marketing de afiliados ou rede
- Relações Públicas
- Qualquer empresa onde você possa aumentar seus canais de vendas

Gênio do Tempo

Entregar o produto ou serviço

Forças:

- Olho para detalhes e qualidade
- Gerenciando as coisas no terreno

Tipo de negócio ideal:

- Franquia de serviços (observe que você precisará de um vendedor forte se ele não fornecer clientes)

Gênio do Aço

Simplifique e sistematize o negócio

Forças:

- Análise
- Simplificar
- Sistematizar

Tipo de negócio ideal:

- Negócios de análise, consultoria ou provedor de sistemas
- Serviços financeiros
- Serviços legais

Que tipo de negócio?

Então, com base nos seus resultados, que tipo de negócio você deve escolher?

Há uma série de oportunidades disponíveis para você, cada uma com pontos positivos e negativos. Veremos cada um por vez.

- Compre uma franquia
- Começar do zero
- Compre um negócio
- Seja um intraempreendedor

Compre uma franquia.

Pontos positivos: Um sistema comprovado, uma marca reconhecida, suporte comercial

Negativos: Incapaz de mudar as coisas, não pode adicionar serviços ou produtos à oferta existente, pode representar um grande custo inicial para comprar a franquia. Na maioria das vezes você precisa desenvolver sua própria base de clientes

Começar do zero.

Pontos positivos: você pode criar seu próprio modelo de negócios

Negativos: Estratégia de maior risco, alta taxa de falhas, nenhum reconhecimento de marca, potencial para perder seu investimento muito rapidamente, construir uma base de clientes do zero

Compre um negócio.

Pontos positivos: Uma base de clientes existente, um nome comercial e reputação reconhecidos, estruturam a compra de acordo com lucros futuros, baixo risco se gerido de forma adequada e o negócio tem uma boa reputação.

Negativos: Risco de clientes anteriores alienados, possivelmente assumindo os problemas de outra pessoa, risco de algum membro da equipe sair com o antigo proprietário, você precisa ter administrado um negócio semelhante antes

Seja um intraempreendedor

Ser um intraempreendedor significa fazer algo dentro de um negócio existente. Isso significa formar uma parceria com um proprietário de empresa estabelecido e usar seu conjunto de habilidades para ajudá-lo em sua jornada, em troca de uma parte da propriedade desse negócio.

Pontos positivos: base de clientes estabelecida, equipe de funcionários que você pode contar quando precisar, a empresa tem histórico e reputação estabelecidos

Negativos: você não coloca sua 'marca' acima da porta, você não possui 100% do negócio

Entendendo você

Além do teste de personalidade, esta seção serve para ajudá-lo a entender onde os resultados do seu teste se encaixam e talvez onde você deva procurar uma oportunidade. Se você já tem um setor/negócio em mente, pode pular esta seção ou usá-la como ponto de referência.

- Quais são os seus pontos fortes?

- Que papéis você desempenhou no passado?

- Você sabe por que gostou de fazê-los? Talvez tenha sido a interação entre as pessoas, ou talvez mais porque você gosta de ser organizado e ter todos ao seu redor organizados.

- Qual experiência você tem?

Se você trabalhou por alguns anos em um determinado setor, sabe como ele funciona em um nível ou outro (seja na entrega prática ou no processo de back office). De qualquer forma, você tem algum conhecimento interno (e provavelmente alguns contatos) nesse setor.

Se você não tem experiência nesse setor (ou seja, talvez você seja um soldado aposentado, um graduado, que abandonou o ensino médio, etc.), então você tem duas opções:

1. Encontre um emprego remunerado e aprenda sobre um setor específico,

    OU

2. Analise mais profundamente seus hobbies e interesses.

De qualquer forma, você precisa de paixão nesse setor. Se você não tiver paixão pelo setor em que trabalha, provavelmente desistirá quando os tempos ficarem difíceis (o que acontecerá).

Por que você quer começar um negócio?

Se for por dinheiro…. PARAR! A jornada será muito difícil para você e você provavelmente perderá tudo muito antes de ganhar algo próximo do tipo de dinheiro que está ganhando em seu trabalho de tempo integral agora.

Se for pela liberdade....PARE! O maior mito é que você será livre. Em vez de ter um chefe para mantê-lo feliz, agora você terá 50, 100, ou 150, ou mais, todos esperando que você os satisfaça AGORA MESMO. Cada cliente acreditará que é seu dono. Eles estão pagando você, então é melhor você estar pronto para beijar o traseiro deles!

Até que você tenha uma equipe de gerenciamento completa e, geralmente, alguém para dar o 'beijo traseiro' para você (ou o equivalente em equipe virtual terceirizada), você trabalhará 18 horas por dia, 7 dias por semana. Você estará livre, entretanto, para trabalhar as 18 horas do dia que desejar.

Por exemplo, você pode optar por trabalhar das 6h à meia-noite ou, se preferir, das 5h às 23h. Ei, você não poderia fazer isso em um emprego regular – não menospreze essa liberdade. Lembre-se: era o que você queria!

As opções para iniciar um negócio

Com base no seu tipo de personalidade, listei as oportunidades disponíveis e, na minha opinião, as melhores opções para aumentar suas chances de sucesso.

Gênio do Dínamo-

Compre um negócio.

- Crie um novo serviço ou melhore produtos e serviços existentes. Certifique-se de ter uma equipe de gerenciamento para gerenciar a entrega e garantir que a empresa possa suportar suas despesas. Você não trabalhará "no" negócio. Não tente trabalhar "dentro" do negócio; esse não é o seu ponto forte, e você só ficará infeliz e também sem sucesso.

Começar do zero.

- Com base em sua experiência no setor, melhore algo nesse setor.

Compre uma franquia.

- Esta opção o deixará muito infeliz. Você não conseguirá expressar sua criatividade e o negócio inevitavelmente fracassará, levando consigo seu investimento.

Gênio da Chama-

Compre um negócio.

- Aumente os canais de vendas e promova o negócio de todas as maneiras que puder.

Certifique-se de ter uma boa equipe de entrega ou sua qualidade será prejudicada.

Começar do zero.

- Pegue uma marca existente e multiplique seus canais de vendas. O marketing de afiliados ou de rede pode ser benéfico para você. Mudar de setor ou literalmente começar do zero não é para você.

Compre uma franquia.

- Uma franquia de vendas é perfeita para você. Dá a você uma marca para promover, junto com sistemas e modelos de negócios comprovados para permitir que você prossiga com isso. Tente encontrar um modelo de franquia que elimine o máximo de papelada possível, deixando seu tempo livre para construir relacionamentos de vendas de vital importância.

Gênio do Tempo-

Compre um negócio.

- Melhorar a qualidade da prestação de serviços. Certifique-se de ter uma boa equipe de vendas e muitos canais de vendas.

Se as vendas diminuírem, será difícil manter o negócio funcionando, especialmente se não for um negócio bem estabelecido no setor.

Começar do zero.

- A menos que você planeje trabalhar por conta própria, prestando serviços práticos para empresas existentes, esta não é a melhor opção para você. Você terá dificuldade em fazer novas vendas e seu negócio terá que ser um negócio imitador. Não tente mudar o mundo; isso vai drenar sua energia. Para ter sucesso no modelo autônomo, você precisa de uma equipe de vendas forte e de sistemas para garantir o crescimento do negócio à medida que contrata mais pessoal prático.

Compre uma franquia.

- Uma franquia de serviços é perfeita para você. Dá a você uma marca reconhecida. Se você comprar a franquia certa, não precisará se preocupar em fazer vendas. Você trabalhará em um modelo de negócios comprovado e lucrativo.

Com esse modelo você pode focar na entrega de produtos ou serviços de boa qualidade, de acordo com a forma como o franqueador o treinou. Sempre que possível, tente encontrar uma franquia que não precise de você para "vender" o negócio. Alguns provedores de franquia desempenham essa função de forma centralizada.

Gênio do Aço-

Compre um negócio.

- Um negócio em estágio inicial é a melhor oportunidade para você. Se você tiver experiência em gestão, um negócio de recuperação pode ser adequado. Muitas pequenas empresas fracassam porque tentam crescer sem primeiro implementar os sistemas e a estrutura de back office. Sua natureza analítica é forte nesta área. Analise o negócio, simplifique-o e melhore-o, implementando processos e sistemas para torná-lo melhor.

É bastante comum que esse tipo de personalidade trabalhe com um tipo dínamo e transforme o negócio em uma marca de franquia. Muitos investidores empresariais também têm esse tipo de personalidade.

Começar do zero.

- Este é provavelmente o negócio mais difícil para você ter sucesso. O melhor tipo de negócio para começar seria aquele com vendas automatizadas, como um negócio online onde é necessário um mínimo de contato presencial para fazer uma venda. Você prefere a simplicidade e alguns clientes consideram essa abordagem ousada.

Para ter sucesso neste modelo, você precisará de uma ideia/modelo de negócio comprovado. Você precisará do canal de vendas e de pessoas práticas para entregar as mercadorias. Entenda que o seu ponto forte está em transformar "coisas que já funcionam" em "coisas que funcionam maravilhosamente, com menos peças".

Se você tem experiência em codificação de computador, criar aplicativos e plataformas baseadas na Internet pode ser um caminho a ser escolhido, mas trabalhe com um dínamo ou um gênio brilhante para entender o que o cliente deseja e que tipo de problema você está resolvendo, ou então você pode acabar criando uma solução para um problema que na verdade não existe.

Compre uma franquia.
- Esta não é a melhor opção para você, você ficará extremamente entediado e trabalhará em

um sistema já comprovado. Você não terá nada para fazer e não conseguirá melhorar os processos de negócios.

Muitas pessoas pensam que a única opção para iniciar um negócio é seguir o caminho óbvio e começar do zero. Na realidade, este é o mais arriscado. Se sua personalidade se adequar, explore mais a franquia ou as opções de compra comercial.

Embora o custo inicial possa parecer desconfortável, os resultados finais podem apenas torná-lo mais viável. Não desanime pelo fator custo inicial.

Começar do zero custará muito mais dinheiro para chegar ao mesmo estágio comprovado com o mesmo reconhecimento de marca em seu mercado que as outras duas opções. Você pode pensar que é possível começar um negócio com um custo muito baixo, partindo do zero, mas acredite em mim, isso lhe custará muito mais dinheiro do que você espera.

Você também levará muitos anos para construir sua marca e provavelmente será muito difícil até mesmo encontrar clientes. Eu mesmo estive lá. Como um empreendedor "começar do zero", também haverá pouco ou nenhum apoio financeiro para o seu negócio, enquanto tanto as franquias quanto os negócios existentes são modelos de negócios comprovados, com bancos e outros financiadores mais dispostos a emprestar dinheiro com base nos resultados financeiros de cada negócio a data.

Seja qual for o seu tipo de personalidade, você precisará de outras pessoas para apoiá-lo. Isso pode ser feito diretamente por meio de amigos e familiares ajudando você fisicamente ou de outros empreendedores que trabalham em parceria com você. Também pode ser um apoio indireto através do qual você usa sistemas, marcas e modelos de negócios já criados por outra pessoa para apoiá-lo.

Um exemplo básico de apoio indireto são as plataformas de mídia social, como Facebook ou LinkedIn, que fornecem uma plataforma para permitir que você promova a si mesmo e sua empresa para um público de massa.

Outro exemplo de suporte indireto é o software de contabilidade ou controle de estoque. Quando sua empresa estiver pronta para isso, certifique-se de usá-los. Eles podem parecer caros, mas agora você pode pagar mensalmente pela maioria deles. Sem eles, seu negócio nunca crescerá o suficiente para liberá-lo do ciclo de demanda de 18 horas por dia.

Identifique seus clientes-alvo

Ok, antes de você se deixar levar e começar a correr antes de poder andar, precisamos começar do início.

Então você tem sua ideia de negócio. Agora você precisa provar o modelo de negócios. Se você optou por comprar um negócio ou uma franquia, então alguém já fez essa parte para você.

Caso contrário, você precisará trabalhar o modelo para ter certeza de que ele é lucrativo em pequena escala, de preferência um ou dois pequenos clientes, antes de gastar muito dinheiro nele para escalá-lo.

Tal como acontece com muitas coisas, persista. Muitas pessoas esperam o sucesso da noite para o dia e desistem quando isso não acontece. Posso garantir que isso não acontecerá da noite para o dia. Persista, acredite que isso pode acontecer e, eventualmente, você encontrará a abordagem certa e, provavelmente, o público certo também.

Da mesma forma, ao comprar uma empresa ou franquia, você ainda precisa saber quem é seu público-alvo. Aqui estão algumas perguntas que você deve se perguntar durante esta fase do processo:

- Você está almejando clientes empresariais (B2B) ou clientes consumidores (B2C)?

- Quem seus clientes usam atualmente para atender às suas necessidades?

- Quanto seus clientes pagam por isso?

- É lucrativo para você vender 5 a 10% abaixo dessas taxas?

- Se cobrar de 5 a 10% abaixo de seus concorrentes, você pode contratar outra pessoa para fornecer esse serviço em seu nome e ainda assim tornar seu negócio lucrativo/valioso?

- Existe algo que você pode adicionar aos serviços/produtos do seu concorrente que possa complementá-los, ao mesmo tempo que lhe dá entrada no mercado por meio de parceria com eles?

- Então você escolheu o preço como seu diferencial? - Além do preço, por que o cliente mudará para você – um negócio não comprovado?

- De que outra forma, além do preço, você poderia diferenciar sua oferta comercial da de seus concorrentes?

Não sou muito fã de competir em preço, embora já tenha estado lá como uma empresa estabelecida em muitas ocasiões.

Em vez de começar do zero e competir em preço, acho melhor tentar trabalhar com um player estabelecido no mercado, caso contrário, se já houver dois players no mercado e você iniciar um terceiro negócio atendendo a esse mercado, na melhor das hipóteses você alcançará apenas 30% de participação nesse mercado. Ao adicionar algo a um player existente, você não dilui ainda mais o mercado e todos ganham.

Diferenciar-se no preço pode levar ao desastre nos negócios. Você acabará em uma guerra de preços com concorrentes que têm bolsos muito mais fundos e, eventualmente, eliminará todo o valor do seu setor. Eventualmente, você terá clientes que pensam que podem definir seu preço porque sua abordagem parece desesperada por seus negócios.

Como uma empresa estabelecida, há muitos anos parte do nosso negócio estava envolvida na construção de novas casas, em locais com mais de 200 casas em cada local.

Estes contratos foram bons para a capacitação do negócio, uma vez que cada local garantia que precisaríamos de um determinado número de funcionários para cobrir esse local, durante um período de tempo específico, que normalmente era de pelo menos 12 meses.

O problema é que não ganhávamos realmente nenhum dinheiro com este tipo de contratos, pois embora tivéssemos relações de longo prazo com os clientes, havia sempre alguém disposto a superar-nos e a trabalhar por um preço mais baixo, em troca disso. período de trabalho garantido. Um caso extremo disto ocorreu com uma das empresas nacionais de construção de casas, que, em vez de nós próprios fixarmos o preço do contrato, enviaram-nos um preço que depois nos pediram para descontar ainda mais.

O empreiteiro vencedor seria o empreiteiro que lhes desse o maior desconto no preço sugerido.

Quando nós mesmos avaliamos o preço do contrato, determinamos que o preço que eles nos deram era na verdade o nosso preço de custo bruto (sem incluir quaisquer despesas gerais ou lucro). Isto significava que não haveria lucro e, caso o contrato apresentasse problemas ou um atraso, esse custo adicional viria do nosso próprio bolso.

Mas não acabou aí, pela garantia de trabalho num determinado novo local, poderíamos ter tolerado esse risco. O problema era que o cliente esperava que descrevêssemos ainda mais esse preço, o que significa que estávamos essencialmente pagando. Mas é aqui que, ao tentar posicionar o seu negócio como o de preço mais baixo, é onde ele acabará por levar.

Esse cliente em particular era tão grande e estava tão confiante em sempre jogar um fornecedor contra o outro que acabava ditando quanto cada empreiteiro receberia.

Imagine se cada fornecedor escolhesse a estratégia do "preço mais baixo". O preço seria tão baixo que ninguém ganharia dinheiro e todos os fornecedores iriam à falência. Com um serviço/produto não lucrativo, ninguém deseja fornecê-lo. Cada fornecedor deixaria de treinar pessoal naquela área do negócio e, no longo prazo, não haveria ninguém para fornecê-lo.

Eventualmente, tudo se fecharia e haveria uma enorme demanda por esse serviço/produto, mas ninguém para fornecê-lo. O valor desse produto ou serviço dispararia.

Ingenuamente, você pode pensar: "Ok, estarei aqui quando isso acontecer. Isso é um absurdo porque quando as pessoas precisam de algo que não está disponível, elas encontram outras alternativas. Com novas tecnologias surgindo o tempo todo, essas alternativas provavelmente irão ser baseado em tecnologia.

Por exemplo, imagine se os carros fossem tão caros que ninguém os comprasse? Como você viajaria? Isso é fácil. Você caminharia, pedalaria ou talvez alguém inventasse outro sistema de transporte, eliminando completamente a necessidade de carros. Assim, enquanto esses fabricantes de automóveis ficam sentados à espera que o processo se complete, alguém interveio e lhes tirou o mercado.

Se for uma empresa que você está comprando, você precisará examinar a base de clientes existente, qual tipo de serviço vende melhor e para qual tipo de cliente. Então você terá que realmente se aprofundar nos números. Entro em detalhes muito maiores sobre como fazer isso em meu livro *'The Momentum Framework: Faça crescer o seu negócio e domine o mercado em qualquer economia'*.

Você tem duas opções aqui:

1. Concentre-se em vender mais das linhas mais populares para clientes semelhantes (ou seja, identifique seu alvo),

    OU

2. Concentre-se no produto ou serviço que não está vendendo tão bem e tente entender o porquê. Se você sabe o porquê, pode ajustá-lo ou mudar sua abordagem. Neste processo de ajustes, você também aprenderá mais sobre seu cliente-alvo ideal

Meu foco inicial seria nas falas populares. Se estiver em demanda e for lucrativo, vale a pena tentar entender por que está em demanda e, em seguida, apenas expandir seu alcance para compradores-alvo mais semelhantes.

Um exemplo disso poderia ser uma empresa de catering. Vendendo serviços de catering a diversos clientes, a sua base de clientes era composta por 70% escolas, 20% lares de idosos, 10% escritórios. Utilizando a Opção 1, poderá decidir abandonar a sua abordagem aos escritórios, optando em vez disso por utilizar esse recurso para o sector escolar.

Supondo que o processo de vendas seja o mesmo para cada tipo de cliente, o negócio de catering deverá ser capaz de ganhar 7 vezes mais pedidos do que conseguiu, ao mesmo tempo que aborda o menor segmento de clientes. Se o seu recurso de vendas é limitado, o que deveria ser, pois é essencialmente uma sobrecarga para o negócio, esta é a estratégia a seguir. Você precisa maximizar os resultados de cada um dos seus canais de vendas.

Olhando para a opção 2, olharíamos para a 2ᵉ maior mercado (lares de idosos) e aprofunde-se nas razões pelas quais representa apenas 20% das vendas.

Aprofundar-se-á ajudá-lo-á a compreender que os lares de idosos têm utilizado o seu negócio apenas como apoio, uma vez que já possuem pessoal e instalações de catering internos. Neste caso, agora você pode ajustar sua abordagem a esse segmento de clientes e apresentar às casas de repouso a ideia de terceirizar seu departamento de catering, o que incluiria benefícios como redução de instalações de catering no local, gerenciamento de ausência de pessoal, juntamente com uma série de questões relacionadas à conformidade e treinamento contínuo da equipe.

Quando você reposicionar esta parte do negócio, poderá haver outros mercados que se abram para o fornecimento terceirizado de catering.

Se você estiver comprando uma empresa, meu conselho seria focar inicialmente nos mercados e linhas de serviço mais fortes; essas são as linhas de serviços/produtos que mantêm o negócio funcionando e, em última análise, pagam seu empréstimo comercial, pessoal, hipoteca, veículos, despesas, etc.

Quando você fizer isso, o negócio ficará muito mais forte e você terá liberdade para olhar para outros mercados, ou seja, iniciar a opção 2.

Ao fazer isso, comece com o maior segmento de clientes e, em seguida, vá descendo. Dessa forma, você continuará se fortalecendo à medida que avança. É como adicionar 10% a US$ 1.000 ou 10%

a US$ 10. O que você prefere em troca do seu tempo? Quanto mais bem-sucedido um segmento de mercado já for, melhor você poderá torná-lo e menor será o risco de fracasso ao fazê-lo.

Em vez de focar apenas no volume de vendas, aborde este exercício do ponto de vista do lucro. É o lucro que mantém o negócio funcionando. O valor das vendas apenas mantém as pessoas empregadas, e todos nós podemos ser tolos ocupados. Essa não é a parte inteligente dos negócios. Você provavelmente descobrirá que 80% do seu lucro vem de apenas 20% dos seus clientes.

Embora os 80% menos lucrativos estejam mantendo as pessoas em seus empregos, à medida que você começa a entender quais clientes/serviços/linhas de produtos constituem seus 20% mais lucrativos, você terá recursos extras disponíveis para trazer para seu segmento de clientes mais lucrativo conforme você desenvolve isso ainda mais. Ao fazer isso, significa que não abandonamos apenas o segmento de clientes menos lucrativo de 80%.

Se os segmentos de clientes menos lucrativos fossem eliminados da noite para o dia, você prejudicaria seriamente o seu negócio, bem como prejudicaria possíveis relacionamentos que a empresa construiu ao longo de um longo período de tempo. Você também incorreria em grandes custos relacionados à redundância de pessoal, portanto é sempre melhor evitar isso. Pode ser possível acrescentar algo às linhas existentes destes clientes que facilmente duplicaria a rentabilidade desse segmento.

Não há segredo aqui. Cada negócio será diferente, mas o importante é realmente entender esses clientes e onde estão as vendas/lucros do negócio. Quando você tiver essas informações, poderá tomar uma decisão informada sobre como seguir em frente.

No caso de uma empresa baseada em localização, vamos usar uma empresa hoteleira como exemplo. A maioria das empresas hoteleiras é composta por diferentes segmentos de clientes, incluindo:

- Negócios/Empreiteiros
- Reservas de grupos/agentes de viagem
- Privado – dentro de um raio de 160 quilômetros
- Privado – Mesmo país, raio de mais de 160 quilômetros
- Privado – Internacional

Se você categorizar e analisar seus segmentos de clientes dessa forma, poderá ver que os grupos de viagens são os menos lucrativos, mas mantêm o negócio funcionando durante a baixa temporada. Da mesma forma, você poderá perceber que os clientes que viajam do exterior custam 30% do seu orçamento de marketing, mas proporcionam apenas 5% das suas vendas/lucro. A resposta óbvia é abandonar o mercado internacional ou procurar um agente de vendas que possa reduzir seus custos de marketing para esse segmento, ao mesmo tempo que consegue as reservas.

Se você estiver comprando uma franquia, a abordagem de serviço já estará comprovada. Existem regras sobre como você opera uma franquia e como você aborda uma determinada oferta de mercado/serviço. É improvável que você consiga mudar isso, embora eu deva questionar por que você desejaria mudar um modelo comprovado de sucesso. Afinal, é essencialmente por isso que você está pagando.

Um franqueador de sucesso certamente não permitirá que você mude a abordagem do serviço. É por isso que você compra uma franquia. Os métodos são testados, com sistemas implementados para ajudá-lo a trabalhar no processo da maneira mais rápida e eficiente possível. Com esta opção, certifique-se de incluir o treinamento em qualquer taxa inicial ou antecipada.

Apenas para lhe dar uma compreensão mais clara da estrutura de taxas de uma empresa de franquia, ela normalmente será composta da seguinte forma:

- Taxa inicial - Pague uma taxa inicial para começar.

- Taxa de gerenciamento contínua - cobre todos os tipos de serviços dependentes do franqueador, mas pode incluir TI, suporte de back office, help desk, etc. Esta pode ser uma taxa fixa ou uma porcentagem de sua receita de vendas.

- Taxa de marketing – Normalmente irá para o reconhecimento da marca em nível nacional ou regional, como publicidade em revistas do setor, publicidade na TV ou abordagem de clientes nacionais. Algumas empresas de franquia removerão completamente o processo de vendas de você, e a taxa de marketing também cobrirá o custo disso. Lembre-se que sem marketing/vendas seu negócio não existirá. Já que alguém tem que fazer isso, por que não deixar que os especialistas façam isso?

- Taxa de royalties – Esta é uma pequena taxa contínua, normalmente baseada em uma porcentagem de sua receita de vendas, mas é onde você paga pelos direitos de uso da marca e dos sistemas do franqueador. Geralmente é aqui que o franqueador recupera seu investimento inicial na construção do modelo de franquia. As outras taxas normalmente não incluem um elemento de "lucro" para o franqueador, portanto, isso faz parte do elemento de lucro do franqueador. Não reclame sobre isso; eles forneceram a você uma plataforma para ter sucesso, agora precisam ser pagos por isso. Sem lucro, não haveria razão para o franqueador construir um modelo, e a maioria dos franqueadores investirá muitos milhões na criação do modelo de negócios. Uma estrutura de suporte para manter seu negócio funcionando nos bastidores.

Como você alcançará seu objetivo?

Ok, então como você alcançará seus clientes-alvo e por que eles comprarão de você?

Qualquer que seja a abordagem que você decida, seja uma franquia, comprar um negócio ou começar do zero, na minha opinião, esta é provavelmente a coisa mais difícil de acertar.

Você precisa de algumas coisas combinadas para que isso aconteça:

1) Experiência comprovada
2) Um relacionamento confiável com seu cliente potencial
3) Conscientização da marca/negócio
4) Proposta de valor
5) Influência

Examinaremos cada área com mais detalhes abaixo para ajudá-lo a entender o processo de compra a partir da mentalidade do seu cliente-alvo. Tenha em mente que isso é mais voltado para clientes empresariais, e os compradores consumidores podem não ser tão rígidos em algumas áreas, mas podem ser mais céticos em relação ao seu negócio. Pense nisso como quando você recebe um e-mail de spam de algum "guru de vendas". O que você pensa quando vê isso: "Oh, é apenas mais um spammer?"

Experiência comprovada.

As pessoas vão querer saber que você pode cumprir o que promete sem problemas. Eles precisarão saber que você já fez isso antes. Você pode fazer isso de várias maneiras.

- Depoimentos
- Estudos de caso
- Referências contratuais
- Recomendações
- Aproveitando a sua experiência profissional anterior, de preferência com contactos que já conhece através do seu tempo de trabalho remunerado.
- Credenciamentos técnicos e associações

Um relacionamento confiável com seu cliente potencial

A menos que você esteja vendendo algo online, quase sempre haverá um elemento de confiança direta que deve estar presente antes que um cliente em potencial compre de você.

Mesmo com um negócio online, um cliente em potencial ainda vai querer saber sobre o negócio, ter certeza de que é um negócio registrado e que possui todos os certificados de confiança necessários e certificados de "pagamento seguro" em vigor. Se você conseguir encontrar uma plataforma on-line relevante para o seu negócio, como eBay ou Amazon, para vendas on-line, isso contribuirá muito para a realização de vendas no mundo on-line, porque você está basicamente usando um fator de confiança que foi construído por essas marcas globais. Isso é chamado de 'confiança emprestada'.

No início, é melhor focar nas pessoas que você conhece, ou talvez nas pessoas que conheceu durante sua carreira até agora. Você deveria ter construído algum tipo de confiança com essas pessoas por meio de sua associação de trabalho conjunto anteriormente, mesmo que indiretamente. As pessoas têm memória curta, então você pode precisar lembrá-las da última vez que lidou com elas ou com sua equipe.

Cultive o relacionamento, torne-se seu conselheiro, faça favores para eles, ajude-os a alcançar seu próprio sucesso. Depois de entregar seu produto/serviço a esses clientes, solicite que eles forneçam uma avaliação honesta de sua oferta comercial. Ao obter esse feedback, você identificará pontos fracos para desenvolver, verá as coisas da perspectiva do cliente, continuará a construir um relacionamento atencioso com seu cliente e, se o feedback for bom, você poderá usá-lo para promover seu negócio para outros clientes-alvo.

Conscientização da marca/negócio

Isso também se resume à confiança, mas a marca é realmente a experiência que as pessoas podem compartilhar: "Usei o Bizco na semana passada, eram muito baratos" ou "Levei minha lavagem a seco para o Bizco. Eles limparam, prensaram e me devolveram em 2 horas". Sua marca será o que as pessoas dirão sobre você. Você quer ser conhecido como "o mais barato", "o mais rápido" ou talvez "o mais confiável"? De qualquer forma, considere isso em sua abordagem.

Se você tornar seu produto ou serviço "o mais barato", mas depois concorrer a um trabalho em um setor de alta tecnologia, caro e voltado para a qualidade, seus clientes em potencial poderão automaticamente imaginá-lo como o segundo melhor em comparação com seus rivais "focados na qualidade". Sua marca será baseada no que seus clientes-alvo ideais desejam, então construa-a em torno deles. Se você tentar fazer o "mais barato" e "de alta qualidade", a mensagem da sua marca ficará confusa e você perderá os dois tipos de clientes.

Por exemplo, as pessoas compram carros Mercedes Benz porque desejam qualidade e requinte. Eles não precisam comprar o carro para saber que experiência obterão; eles sabem porque a mensagem da marca lhes disse. A mensagem da marca já realizou a maior parte do trabalho de vendas antes de o cliente entrar no showroom do carro. Por outro lado, se quiserem um automóvel barato e sem frescuras, de A a B, há uma série de fabricantes que se concentram neste segmento do mercado. Alguns deles começaram a se reposicionar como "qualidade acessível".

Pessoalmente, acho que a mensagem deles está ficando um pouco confusa.

O outro lado desta seção é considerar como você alcançará seu público-alvo e os informará sobre seu negócio e a mensagem de sua marca. Você pode ter uma mensagem de marca brilhante e imbatível, mas ela não vale nada sem um canal de comunicação direcionado ao seu público-alvo.

A menos que você tenha muito dinheiro, vai levar muito tempo e muito trabalho duro para ficar na mente do seu público comprador. "Frente na mente" é onde seu público-alvo pensará primeiro em seu negócio quando desejar seu tipo de produto ou serviço. Como exemplo real disso, se você deseja um site de leilões on-line, onde você pensa primeiro? A maioria de nós pensa no eBay. Que tal uma livraria online? Amazonas.

E quanto a fast-food? Mc Donalds e KFC. Você não precisa ser uma grande empresa global para estar na mente. Basta oferecer ao seu cliente-alvo uma experiência difícil de esquecer (espero que no bom sentido). Por exemplo, pense no exemplo da Bizco, a empresa local de lavagem a seco.

Minha dica para o sucesso é focar em um único segmento de clientes. Por exemplo, se você sabe que seu alvo é qualquer empresa, em qualquer lugar do mundo, você precisará de um orçamento de marketing extremamente grande. Só no Reino Unido, existem 6 milhões de empresas, das quais cerca de 98% são pequenas empresas (menos de 50 funcionários). Limite o seu público-alvo. O primeiro passo é segmentar sua localização geográfica, de preferência uma única cidade. Se você estiver cobrindo apenas uma cidade, divida-a em bairros. A próxima etapa é dividi-lo ainda mais por categoria de indústria.

Escolha a categoria da indústria ou segmento de cliente em que você já tem mais experiência e reconhecimento e, de preferência, aquele que é mais lucrativo. Lembre-se de que você precisará mostrar a esses clientes sua experiência anterior, portanto, alguma experiência no setor ou no segmento de clientes contribuirá muito para construir a confiança deles. Um segmento de clientes no setor B2C pode ser aquele com mais de cinquenta anos ou talvez aqueles que abandonaram a escola.

Se você puder restringir onde seus clientes existentes já estão, isso seria o ideal. Vamos considerar que seu alvo são empresas farmacêuticas que trabalham em um determinado parque empresarial ou zona de sua cidade. Ao focar neste segmento, você pode usar seu tempo de maneira muito mais eficaz, porque não precisa viajar pela cidade entre as visitas aos sites de seus clientes. O desenvolvimento contínuo a partir disto seria simplesmente copiar a abordagem para zonas vizinhas ou parques empresariais.

Em seguida, se você sabe quem tem maior probabilidade de comprar seu produto/serviço por faixa etária, sexo ou cargo (ou todos eles), você pode direcioná-lo especificamente para essas pessoas exatas. Em vez de um público-alvo de um bilhão de pessoas, você reduziu para apenas 30. Não parece muito, mas essas 30 pessoas são o número total de compradores no setor escolhido. Eles são os que importam porque são as pessoas que comprarão suas ofertas e, em última análise, determinarão se você se tornará um player líder nesse setor.

Não vou me aprofundar muito no nome da sua empresa ou no design do seu logotipo. Existem designers profissionais que podem criar seu logotipo para você de maneira muito barata. Ao pensar no seu nome, isso deve se basear no que você está oferecendo. Quais são os valores da sua marca e como o cliente pensará no seu negócio? Observe as empresas concorrentes para entender o que sua marca diz sobre elas.

Também é importante nesta fase entender quais cores usar. Muitos especialistas em design dirão que certas cores podem significar certas coisas para um cliente.

Por exemplo, a cor verde pode estar relacionada com produtos ou serviços ambientais. Vermelho e azul são mais adequados para diferentes tipos de empresas de serviços. Um designer pode ajudar a apontar a direção certa aqui, mas olhando para seus rivais, você verá o que eles já estão fazendo e, com sorte, terá uma ideia de por que estão fazendo isso também. Ao projetar seu logotipo, certifique-se de que ele represente seus princípios como empresa.

Proposta de valor

A proposta de valor em termos simples é o que você está oferecendo ao cliente e o motivo pelo qual ele escolheu comprá-lo. É a solução para o problema de alguém. A proposta de valor quase nunca se resume apenas ao preço, se você nunca forneceu um novo cliente potencial.

Se for apenas no preço, é provável que você forneça seu produto/serviço de graça, apenas para entrar no mercado.

Meu conselho seria sempre procurar outra coisa. Ao licitar pelo preço mais barato, é uma boa estratégia para desenvolver a capacidade do seu negócio, mas acabará por encontrar um rival com bolsos mais fundos. Se o seu único diferencial for o preço, seu negócio morrerá.

O preço mais barato também traz uma margem de lucro extremamente baixa e, com isso, problemas de fluxo de caixa. A menos que você queira continuar investindo seu salário mensal no negócio, é provável que seu negócio não sobreviva por muito tempo.

A opção mais fácil geralmente é argumentar apenas com base no preço, mas um aviso para você: seus rivais já têm relacionamentos, eles também são muito maiores do que você e têm bolsos mais fundos.

Se eles não gostarem da sua estratégia, será muito fácil para eles simplesmente descontarem suas propostas, perdendo efetivamente dinheiro nesse contrato apenas para forçá-lo a sair do mercado. Se tiverem muitos contratos, podem descontar fortemente uma proposta, mas compensar a perda num contrato mais rentável noutro local. Você não tem essa flexibilidade como uma startup. As outras opções como diferenciais dependem do negócio, da indústria, dos seus alvos, etc.

Os óbvios poderiam ser:

- Qualidade – apenas o melhor
- Imagem - Pense Rolex, Gucci e Brioni
- O mais rápido
- Confiabilidade
- Suporte – Você está disponível no dia de Ano Novo, quando todos os seus rivais estão em festas?

Em última análise, quanto maior for o setor que você escolher, mais participantes haverá.

Isso significa que será mais difícil para você tornar seu negócio diferente. Como alguém que competiu em setores com mais de 100.000 empresas semelhantes, todas oferecendo o mesmo tipo de serviço, meu conselho é analisar as 20 principais empresas do seu setor. Estes são provavelmente atores globais.

Veja o que essas empresas fazem e se consegue encontrar algo que seus rivais locais não fazem. Veja se há algo que você pode melhorar, mas geralmente use isso como um trampolim. Os 20 primeiros geralmente estão lá por um motivo, e é preciso mais do que apenas dinheiro para chegar lá.

Influência

A melhor maneira de entrar em contato com um cliente em potencial é pedir que outra pessoa faça metade do trabalho para você. Ter alguém ao seu lado, por dentro, torna muito mais fácil conquistar novos trabalhos. Não estamos falando de corrupção aqui; isso é ilegal e eu nunca aconselharia isso.

Tudo o que digo neste livro é baseado na boa ética, portanto, dizer-lhe para fazer algo ilegal seria errado da minha parte, tanto moral quanto eticamente, e também prejudicaria minha reputação na comunidade empresarial.

A única maneira de ter uma informação privilegiada é fornecer uma boa experiência para o seu cliente, para começar. Vejamos um exemplo. Digamos que sua empresa forneça produtos de limpeza ecologicamente corretos. Seu comprador provavelmente será um gerente de instalações, um gerente de limpeza ou talvez até um comprador profissional, se o seu cliente for grande o suficiente. Neste caso, você pode querer abordar a pessoa responsável pela gestão ambiental.

É responsabilidade desses indivíduos melhorar as práticas ambientais do negócio, portanto, se o seu serviço ou produto puder ajudá-los a fazer exatamente isso, você terá alguém lutando por você.

Em empresas-alvo menores, ou com transações B2C (Business to Consumer), seria o mesmo que ter um cliente anterior recomendando você a seus amigos. Aprofunde-se em sua oferta para entender quem pode se beneficiar indiretamente com a oferta de sua empresa.

As finanças

Ok, agora passamos para a parte um tanto chata, mas necessária, para manter as coisas certas e mantê-lo no lado certo do sistema de justiça legal.

Até aqui;

- Você identificou seus pontos fortes
- Você identificou seus clientes-alvo
- Você planejou como alcançar seus clientes-alvo
- O ideal é que você tenha alguns nomes de contatos-alvo listados e, esperançosamente,

também tenha conversado com eles para obter feedback

A seguir, em sua ideia de negócio inicial, você pode querer fazer uma rápida projeção de fluxo de caixa para ver quanto dinheiro precisará agora e em que pontos no futuro. Como ainda não fizeram nada, será muito difícil gerar números específicos neste momento, por isso é apenas uma estimativa esperançosa. Pensar nisso ajuda você a entender a importância de obter lucro o mais rápido possível, além de sempre manter o lucro em mente em tudo o que você faz.

Provavelmente, você obterá cerca de 5% dos clientes que espera obter e suas despesas serão pelo menos o dobro do estimado. O mais importante agora é fazer as coisas o mais barato possível. Só porque você tem dinheiro no banco não significa que você precisa pagar uma faxineira para limpar seu quarto/escritório vago para você.

Conheço muitos proprietários de empresas iniciantes que gastaram metade de suas economias em um carro novo, só porque acham que é isso que as pessoas em sua posição deveriam fazer. Eles não poderiam estar mais errados.

Os pontos-chave para fazer uma projeção de fluxo de caixa é usar um formato de calendário, seja semanal ou mensal, e traçar os seguintes itens para cada mês, conforme você os receberá ou como os pagará. . Isso informa se você tem falta de fundos em um determinado mês.

Uma projeção de fluxo de caixa incluirá:

- Vendas no negócio
- Qualquer outra receita para o negócio
- Quaisquer custos para o negócio
- O tempo de cada entrada e saída

Dividindo seus custos em custos legais, custos de financiamento, custos de pessoal, custos de marketing, custos de estoque, custos de serviços públicos, custos de propriedade e despesas que você pode incorrer durante o curso dos negócios naquele mês específico. Quando você tiver esses números, adicione uma contingência de 20% aos seus custos, que incluirá quaisquer imprevistos. Também é aconselhável reduzir suas expectativas de vendas em 20%, o que deve lhe dar um pouco de espaço para respirar caso as vendas não sejam concretizadas no prazo ou se você incorrer em atrasos no pagamento de seus clientes.

Escolha uma estrutura jurídica

Dependendo de onde você estiver no mundo, você terá nomes diferentes para as diversas estruturas jurídicas disponíveis para abrir seu negócio. A maioria das nações desenvolvidas compartilha uma estrutura semelhante entre si. São os seguintes:

1) Único proprietário

2) Parceria

3) Limitado por Ações

4) Limitado pela garantia

5) Empresa Social ou Caridade

Único proprietário

Esta é a configuração jurídica mais básica. Dependendo de suas leis tributárias, é provavelmente o mais eficiente em termos fiscais, até o ponto em que uma única pessoa poderia ganhar com um bom salário todos os anos. No entanto, oferece muito pouca proteção legal.

Se a sua empresa falir, isso basicamente significa que você também irá à falência pessoalmente, a menos que tenha economias pessoais que possam cobrir qualquer responsabilidade no negócio. Se alguém tomar uma ação legal contra sua empresa, em última análise, será sua vida pessoal (incluindo seu cônjuge) quem enfrentará as consequências.

Parceria

Na minha opinião, a parceria é o pior enquadramento jurídico. Nessa estrutura, é basicamente o mesmo que reunir vários proprietários individuais, mas retirando seus direitos individuais.

Como sócio, você é solidário por qualquer coisa que seus colegas sócios façam no negócio, mas não tem controle legal sobre esses outros sócios. Da mesma forma, eles também não têm controle sobre suas ações. Cada um enfrenta as consequências das ações tomadas por todos os parceiros da empresa.

Ao contrário do empresário individual, você reduziu a eficiência tributária, pois todos concordam efetivamente com a estrutura de pagamento. Isto significa que, ao contrário de um empresário individual, não pode maximizar as suas deduções fiscais devido à decisão de outra pessoa. Em caso de falência da empresa ou de ação judicial contra ela, todos os sócios serão responsabilizados pessoal e financeiramente.

Limitado por Ações

Na minha opinião, esta é a melhor opção em termos de proteção jurídica e, quando o negócio é suficientemente grande, pode ser muito melhor em termos de eficiência fiscal.

Os custos de instalação são mais elevados do que outros tipos de configuração jurídica e os relatórios de auditoria são rigorosos. Se você não apresentar as declarações dentro do prazo, receberá uma multa elevada, e atrasos repetidos podem levar ao fechamento do negócio pelos tribunais. Em casos extremos, isso pode levar à pena de prisão para os diretores da empresa.

Esta opção é muito mais transparente para o mundo exterior, que pode ser visto como bom e ruim. No entanto, a longo prazo, também torna muito mais fácil atrair investidores, bem como vender o seu negócio mais tarde. Também pode parecer mais profissional para o mundo exterior.

Se a empresa falir, você perderá apenas o que investiu. Em alguns países, se você agiu de forma negligente ou ilegal, você e quaisquer outros diretores serão pessoalmente responsabilizados por suas ações.

Em alguns casos, você, como acionista, também pode ser obrigado a fornecer uma garantia pessoal para dívidas, o que normalmente é solicitado por investidores, bancos e outros financiadores da empresa.

Limitado pela garantia

Na maioria dos países, esta estrutura não está disponível para a maioria dos tipos de negócios normais. Semelhante à estrutura limitada por ações, a sua responsabilidade é limitada apenas à garantia que você presta. Não tem acionistas.

Não nos deteremos neste tipo, pois é muito mais complexo na sua configuração e não é facilmente acessível à maioria das pessoas.

Empresa Social ou Caridade

A menos que você pretenda fazer algo para mudar sua comunidade, ou talvez apoiar uma causa de caridade através da perspectiva de um modelo de negócios, este provavelmente não é o modelo para você.

Uma empresa social é administrada por uma equipe de gestão e supervisionada por curadores. Uma empresa social não gera lucro; é administrado em benefício de seus membros ou da causa que apoia.

Aqui está um exemplo deste tipo de estrutura jurídica: Houve uma empresa social criada pelo governo local para fornecer espaço de escritório de incubadora para novas empresas iniciantes em áreas rurais. As startups alugaram escritórios a preços reduzidos e obtiveram apoio administrativo de back office (impressão e cópia, atendimento de chamadas, etc.) fornecido pela empresa social.

Todos os rendimentos da empresa social foram canalizados de volta para a empresa e utilizados para expandir ainda mais o negócio para áreas vizinhas e chegar a outros empresários. Eles também forneceram suporte adicional, como treinamento inicial e suporte jurídico.

Configurando o negócio

Registrando a empresa para tributação

A próxima etapa é registrar-se no escritório fiscal do seu governo como empresa. Seu tipo de negócio (único proprietário, parceria, sociedade limitada, etc.) determinará o que você precisa para se registrar. Para empresário individual e parceria, você apenas se registrará para imposto de renda e talvez IVA (imposto sobre vendas) ou imposto de exportação.

Com a opção limitada por ações, você se registrará para imposto sobre sociedades, juntamente com imposto sobre vendas e imposto de exportação. Pode haver impostos adicionais para os quais você pode se registrar, dependendo da estrutura de apoio do seu governo às empresas, mas você os verá quando se registrar.

Você pode usar um agente de registro para registrar sua empresa ou pode fazer isso sozinho. Não demora muito para fazer isso sozinho, provavelmente menos de uma hora, mas economiza dinheiro que pode ser útil depois. Se você tentar fazer isso sozinho, mas achar muito difícil, poderá encontrar um agente de registro para fazer isso por você.

Para encontrar o escritório fiscal do seu governo, você pode usar o Google ou qualquer outro mecanismo de pesquisa on-line e pesquisar por <receita interna> + <seu país>. No Reino Unido, a Receita Federal é o HMRC e nos EUA é o IRS.

Listar todos os países seria exaustivo, mas gostaria de pensar que, com as informações desta seção, não será muito difícil encontrar os detalhes necessários para o seu próprio país.

Licenças comerciais ou credenciamentos

Dependendo dos serviços/produtos da sua empresa, pode ser necessário registrar-se para obter uma licença comercial ou credenciamentos específicos. Isto é relevante para licenças de crédito ao consumo, algumas acreditações de serviços técnicos, serviços médicos ou de saúde e qualquer coisa relacionada com a indústria de serviços financeiros. Descubra se o seu setor é regulamentado ou controlado por um órgão profissional, caso ainda não saiba.

Sem essas licenças ou credenciamentos, você estará infringindo a lei e, independentemente de sua estrutura jurídica, acabará na prisão e/ou terá que pagar uma multa elevada.

É importante também compreender que você precisará registrar-se para obter licenças em cada estado, região ou país onde deseja fazer negócios, a menos que seja possível exportar seu produto ou serviço para esse local. Se você optar por exportar, é importante perceber que o produto/serviço entregue ainda precisa atender aos critérios locais de padrões, segurança e qualidade. Trabalhar com um bom agente de exportação pode ajudá-lo a acertar esse processo.

conta bancária

Obtenha uma conta bancária comercial separada. É muito importante que você mantenha suas finanças comerciais e pessoais separadas. Pode ser tentador pensar: "Este dinheiro é meu, então vou gastá-lo nesses sapatos novos", mas na verdade não é mais o seu dinheiro. Quando você o usa para fins comerciais, ele se torna parte dos ativos e do balanço patrimonial da empresa, portanto, removê-lo para uso pessoal resultará não apenas no aumento de impostos pessoais, mas potencialmente também em acusações criminais.

Conformidade

Em seguida, você precisará cumprir a legislação local do seu governo. Podemos presumir que você não está pronto para instalações comerciais e cobriremos as áreas básicas para a maioria das empresas. Ao incluir instalações nesse mix, você terá que considerar mais de 300 peças legislativas adicionais relacionadas à propriedade. Abordarei essa área em um livro muito mais especializado posteriormente.

Por enquanto, vamos nos concentrar nas principais áreas:

1. Seguro
- Seguro de responsabilidade civil
- Inventário/seguro de estoque
- Seguro de planta

- Seguro de edifícios
- Seguro de responsabilidade civil
- Seguro de veículo
- Seguro de vida
- Seguro de Acidentes
- Seguro de saúde

Por um custo muito pequeno todos os meses, você estará coberto para todas as eventualidades. Sem ele, você poderia passar o resto da vida em uma cela de prisão caso algo desse errado.

2. Saúde, segurança e bem-estar
- Documento de política e procedimentos de saúde e segurança
- Avaliações de risco
- Declarações de método
- Avaliações de manuseio manual

- Você tem instalações de bem-estar adequadas? (WC, cozinha, breakout, lavagem, etc.)

Um bom consultor de Saúde e Segurança pode ajudá-lo a se preparar para isso.

3. Emprego

As chances são de que você não esteja pronto para ter funcionários agora, mas se você comprou uma empresa, provavelmente ela já terá funcionários. Contrate um consultor de RH para garantir que tudo esteja em ordem e que tudo seja honesto e legal.

O direito laboral é um assunto muito complexo e complicado, e a lei pode ser diferente de um estado, região ou país para outro, muitas vezes com contradições entre cada um, por isso não vou tentar explicá-las aqui. Eu diria, porém, que como parte de sua jornada de negócios, e se você planeja ter funcionários, certifique-se de entender a legislação trabalhista em sua própria área geográfica ou onde quer que você planeje ter funcionários em sua empresa. Esse conhecimento deve incluir assuntos como recrutamento, discriminação e disciplina.

Use um consultor para treinar sua equipe de gestão nessas áreas à medida que seu negócio cresce.

Concluímos a parte chata. Se você ainda está acordado, vamos ganhar algum dinheiro para o seu negócio.

Serviço de entrega

Até aqui:

- Você identificou seus pontos fortes
- Você identificou seus clientes-alvo
- Você planejou sua abordagem
- Você configurou sua empresa como uma pessoa jurídica

Agora é hora de iniciar esse processo de negócios.

O objetivo desta seção é fazer com que você venda e entregue seu produto/serviço em quantidades relativamente pequenas.

Para o exemplo de processo a seguir, presumiremos que sua empresa é uma empresa de serviços tradicional, onde você fornecerá um serviço móvel.

As etapas para atender seu cliente:

1. Encontre um cliente motivado
2. Faça a venda
3. Assine o contrato
4. Entregar o produto ou serviço
5. Fatura do produto ou serviço

Antes de entrarmos nisso, direi uma coisa. Não comece seu negócio, pagando por marketing, pagando por logotipos, sites, cartões de visita, etc., até que você tenha um cliente disposto a pagar pelo que você está oferecendo.

Muitas pessoas sonham com soluções para um problema que não existe e depois gastam milhares construindo sites e todo tipo de porcaria, sem nunca ter um cliente. Somente quando saem para conversar com clientes em potencial é que descobrem que o problema nunca existiu.

Encontre um cliente motivado

Este é realmente o estágio em que você prova que há mercado para o que você está oferecendo. Primeiro precisamos identificar esses clientes-alvo novamente. Começaremos com seus contatos anteriores, todas as pessoas com quem você entrou em contato que se adequam ao tipo de comprador que você acha que estaria interessado em seu produto ou serviço, E que pode pagar por ele. Esta é a maneira mais fácil e eficaz.

Em primeiro lugar queremos reconectar-nos com eles, visando reconstruir aquela antiga relação com eles. Não nos tornamos amigos das pessoas iniciando a venda difícil no primeiro dia.

Vá até o local de trabalho deles e fale com eles. Não venda para eles. Conte a eles seus planos. Diga a eles que você está pensando em abrir uma empresa para fornecer produtos ou serviços XYZ. Obtenha o feedback deles. Faça com que eles participem, mas o mais importante é descobrir seus problemas atuais, pois isso poderia lhe dar uma oportunidade melhor de trabalhar com eles.

Se eles parecerem interessados no que você está falando, vale a pena perguntar-lhes nesta fase, antes de prosseguir, 'se eu decidir começar este negócio, isso é algo que você estaria interessado em comprar', e se eles disserem sim, peça algum tipo de compromisso. Obter um pedido assinado nesta fase lhe dará a validação do que você está oferecendo.

Continue analisando seus alvos identificados até encontrar alguém que o convide para dar um lance. Neste ponto, eles provavelmente estarão testando seu desempenho e para ver onde está seu preço entre os outros fornecedores, então não fique muito desapontado se o lead não for a lugar nenhum.

Basta ser profissional, acompanhar a proposta e obter feedback, se possível. Quanto mais feedback você obtiver nesta fase, melhor poderá se posicionar em licitações futuras.

Pense em onde seu público-alvo pode ver você. Por exemplo, digamos que eu estivesse tentando alcançar pessoas que possuíam cavalos. Essas pessoas precisam comprar ou trabalhar com várias pessoas durante o cuidado de seus cavalos. Imagino que eles provavelmente comprem de um armazenista de alimentos, bem como de outros fornecedores estáveis, para coisas como equipamentos de higiene, comida, feno, etc.

Então, vamos imaginar que todos eles viajem até esses armazenistas uma vez por mês para comprar suprimentos. Uma forma de alcançar esse cliente-alvo poderia ser formar uma parceria com o armazenista, por meio da qual posso anunciar meu produto ou serviço junto com seu negócio. Talvez se for relevante, eu poderia fazer algo semelhante com o veterinário local, no que diz respeito à saúde.

Imagino que esse tipo de cliente também leia regularmente artigos de revistas sobre cavalos, eventos com cavalos e cuidados gerais com os animais, portanto, escrever um artigo sobre seu produto e apresentá-lo na revista pode atrair clientes em potencial. Então, posso dar uma olhada nos eventos de cavalos realizados na área que posso servir.

Com eventos, como o showjumping, provavelmente atrairá um grande número de clientes-alvo e os agrupará em uma área muito compacta. Portanto, se eu exibir ou posicionar meu produto ou serviço, talvez como uma avaliação gratuita no local, poderei potencialmente conquistar alguns clientes de longo prazo. O outro benefício desse caminho é que, como você conversa com eles cara a cara, você cria uma conexão mais profunda com eles e, ao demonstrar seu produto, você conquista a confiança deles.

Outro caminho é considerar qualquer associação comercial ou diretório. Muitas vezes, quando um comprador procura um determinado tipo de produto ou serviço, mas ainda não tem um fornecedor em mente, ele procura a associação comercial desse tipo de produto ou serviço, para ver se há alguma empresa listada com eles. Novamente, é aqui que a credibilidade e uma parte da confiança emprestada são construídas. Ao estar registrado na associação comercial, normalmente significa que você está qualificado para fazer o que oferece.

Acho que o ponto importante a ser observado aqui é apenas entender o processo de compra de seus clientes-alvo. Como eles compram dos fornecedores? Em seguida, basta entrar nesse processo da maneira mais conveniente para eles.

Faça a venda

Não faça seu cliente passar por 1.000 obstáculos para comprar de você. Vejo tantos negócios, normalmente aqueles tipos de negócios que são altamente técnicos ou naturalmente burocráticos, colocando muitos obstáculos no caminho de um cliente comprar deles. Eles têm 'verificações' para passar.

Pergunte por que eles seguem essas etapas, ou listas de verificação, e eles dirão que é assim que se faz no setor. Só porque algo sempre foi feito dessa maneira não dá uma boa razão para que precise continuar a ser feito dessa maneira.

Um exemplo disso é quando uma empresa pede para ver os extratos bancários de um cliente, comprovante de identidade, etc., antes de inscrevê-lo como cliente. Tudo isso é muito bom e é um processo que precisa ser realizado para que a empresa cumpra normas como regulamentações sobre lavagem de dinheiro. Mas o cliente ainda nem concordou em comprar de você.

O que há de errado em obter a assinatura do contrato, receber o pagamento e preencher as listas de verificação como parte do serviço que você está oferecendo.

Muitas vezes estas "regras" são feitas por pessoas sentadas em salas escuras, que nunca falam com ninguém e não têm qualquer noção sobre negócios, ou sobre a psicologia por trás deles.

Se houver regras a serem seguidas, isso significa que todas as 18.437 caixas de seleção devem ser marcadas antes de fazer o pedido ou podem esperar até o dia seguinte à assinatura dos contratos? Meu palpite é o último.

Fale a língua deles

Os clientes não sabem o que é *'roda dentada menor com rosca canhota'* é, nem eles precisam saber. Eles estão comprando o 'O QUE', não o 'COMO funciona'.

Falar com eles em jargão técnico irá fazê-los dormir ou quebrará o relacionamento com eles que é vital para fechar uma venda. Imagine se alguém viesse visitá-lo e então começasse a falar uma língua estrangeira. Você olharia para eles com uma cara vazia, não é?

Embora você possa pensar que um cliente entende o que você está falando, ele não entende. Se você realmente precisa explicar o jargão técnico, explique-o da mesma forma que faria com uma criança de cinco anos. Caso contrário, apenas diga a eles que você vai resolver o problema deles, é só nisso que eles estão realmente interessados.

Se o seu cliente em potencial tiver uma necessidade, ele virá até você por curiosidade. Se esse cliente em potencial não tiver necessidade, acompanhe-o por meio de outras reuniões quando você estiver na área. Afinal, não precisamos comprar produtos de limpeza todos os dias da semana, só porque um vendedor chegou ao seu escritório não significa que vamos mudar nosso processo de compra para adequá-lo.

Minha estimativa é que você precisará de uma lista prospectiva de cerca de 100 alvos motivados e de até 6 meses para nutrir esses alvos antes de ser solicitado a começar a licitar seus negócios. Digo

100 porque você terá apenas cerca de 4% que desejam naquele exato momento em que você os contata.

Isso significa que temos dois fatores-chave de sucesso aqui.

I. Fique na mente desses compradores motivados,

    E

II. Cronometre sua abordagem para o momento exato em que eles precisam do seu negócio. Desses 4%, se você for um fornecedor desconhecido, simplesmente será esquecido. Leva tempo para ficar na mente do seu alvo. Alguns especialistas em marketing têm pesquisas que sugerem que são necessárias seis comunicações com um alvo antes de realmente reconhecê-lo como um fornecedor. Não leve esse fato para o lado pessoal, é apenas como nossas mentes funcionam. Pense na última vez que alguém lhe enviou um e-mail, você provavelmente pensou que era spam nas primeiras vezes, mas talvez na terceira comunicação você se interessou pelo título do assunto. Na quarta vez, você estava ocupado demais para prestar atenção, na quinta vez, você perguntou ao seu colega se ele já tinha ouvido falar da mala direta, mas depois se esqueceu. Na sexta vez você pensou: "ah sim, lembro dele, vou pedir mais informações", e isso só se você tiver interesse no que ele oferece. Estou apenas presumindo que essas são as etapas de como isso funciona nas pesquisas realizadas pelos profissionais.

Pense na época do pré-e-mail, você pode ter enviado a eles 6 catálogos antes de começarem a ver seus produtos. Talvez então fosse muito mais alto, ou talvez fosse muito mais baixo? Provavelmente depende do que você está oferecendo e da demanda do seu segmento de clientes.

Um alvo motivado não é apenas o nome de uma empresa. Um alvo motivado é o nome do comprador, detalhes de contato e o máximo de informações sobre ele que possam ajudá-lo a construir um relacionamento. Existem muitas empresas tentando vender listas de leads para os chamados compradores motivados.

Tendo testado essa rota no passado, você pode dividi-las em duas categorias: primeiro, você obterá listas apenas com o nome da empresa, número de telefone e talvez um endereço de e-mail centralizado, como 'info@'.

A segunda fonte é onde os diretores seniores estão listados e, ocasionalmente, você também receberá um endereço de e-mail direto para eles. Ok, então você pode considerar que esses são os mais valiosos e provavelmente pagará mais do que o esperado para obter uma cópia, mas isso significa que o vice-presidente ou CEO vai querer comprar seu produto ou serviço... Não! Seu e-mail ou carta irá direto para a bandeja de spam e você nunca mais terá notícias deles.

A razão para isso é porque, em primeiro lugar, essas pessoas não lidam com fornecedores e, em segundo lugar, porque provavelmente recebem centenas de correspondências semelhantes todos os dias, de pessoas que nunca conheceram, nem provavelmente nunca gostariam de conhecer. Então você acabou de desperdiçar seu dinheiro.

Só porque você tem o nome de 1.000 pessoas em uma lista à sua frente, não significa que elas queiram comprar de você. O único primeiro contato real que está motivado para comprar é aquele que entrou em contato com você. Não se engane pensando o contrário – pode ficar muito caro!

Quando você finalmente chega ao estágio de licitação, há algumas áreas principais que você precisa acertar:

- Descubra exatamente o que o cliente deseja

- Venda-lhes exatamente esse produto/serviço

- Só porque sua empresa pode fornecer algo que seja mais lucrativo para você, esse cliente não pediu isso. Não tente vendê-lo. Apresente-o mais tarde, quando você entender suas necessidades e hábitos de compra.

- Apresente os benefícios, não os recursos. Não me importo se o fluido de limpeza é 'novo e melhorado', sou um comprador, então explique como isso me beneficiará?

Assine o contrato.

As empresas maiores têm acordos de compra, mas se não tiverem, adquira seu próprio contrato e os termos e condições por escrito. Será um pequeno custo inicial que você poderá usar como modelo mais tarde. Também fará com que você pareça mais profissional e organizado, ao mesmo tempo que o manterá protegido legalmente. Se você trabalha em uma grande indústria, é provável que 50% de seus rivais não façam isso. Você gostaria de parecer mais profissional do que eles aos olhos do seu cliente?

A maneira mais fácil de conseguir isso é procurar um advogado especializado em empresas iniciantes ou, às vezes, se você for à câmara de comércio local ou a outros grupos empresariais como este, eles terão pacotes iniciais que incluem os vários modelos jurídicos que você pode precisar para o seu negócio e geralmente são muito baratos.

Entregar o produto ou serviço.

- Confirme o que eles querem
- Entregue exatamente o que eles querem
- Entregue exatamente quando eles querem
- Entregue exatamente onde eles querem
- Entregue com cuidado e qualidade

- Faça o cliente acreditar que você se preocupa com ele

Não é ciência de foguetes, mas muitas pequenas empresas esquecem pelo menos um desses pontos e depois se perguntam por que seus clientes procuraram o grande fornecedor nacional. É porque eles foram consistentes todas as vezes.

Se um cliente lhe disser que quer um novo sistema de aquecimento em sua casa, é porque quer um sistema de aquecimento funcionando ONTEM. Já vi tantas empresas fornecerem um serviço, mas parece que demoram uma eternidade para entregá-lo.

Tendo eu mesmo entregue alguns contratos muito grandes de 7 dígitos, o tempo é provavelmente o fator mais importante quando você chega a esse nível de contrato. Se você não puder comparecer ou entregar o que o cliente deseja, quando concordou que faria, sinto muito, mas isso não é profissional e você não deveria administrar um negócio. O mundo seria um lugar melhor se as empresas levassem as coisas um pouco mais a sério, em vez de tratar tudo como um hobby.

Se este é você, PARE DE JOGAR.

Fatura do produto ou serviço.

Existem tantos proprietários de pequenas empresas que não gostam da papelada. Se você não é pago, por que fez isso em primeiro lugar? Faz parte do processo de negócio, se você não gosta de faturar o cliente, então não monte um negócio que precise de um sistema de fatura e crédito.

Um exemplo pode ser uma loja de varejo. Com isso vêm outros tipos de papelada. Se você não gosta de papelada, peça a outra pessoa para fazer isso ou simplesmente não abra seu negócio.

Sempre que possível, configure um sistema de faturamento automatizado para que você não precise se preocupar com isso. Uma versão básica disso seria, ao assinar o contrato, voltar para o computador.

Se estiver usando um pacote básico de processador de texto/planilha, basta alterar o título "Estimativa" ou "Cotação" para "Fatura". Talvez seja necessário alterar algumas palavras para o pretérito. anexe-o imediatamente a um e-mail e defina um prazo de entrega ao cliente até depois dessa data.

Alternativamente, se as faturas precisarem ser postadas, imprima-as imediatamente, prontas para serem enviadas, e pré-data o envelope para que você não o envie antes da data de conclusão.

Você ficará surpreso com o quanto os clientes gostam de receber uma fatura na data de conclusão. Faz você parecer muito mais profissional do que a empresa que não envia fatura ao cliente há 3 meses.

Se você se sentir culpado por pedir dinheiro a um cliente, pense novamente em sua demonstração de fluxo de caixa. Se você ainda se sente culpado, saia do negócio e aceite um emprego remunerado. Ou uma sugestão ainda melhor – vá trabalhar voluntariamente se você realmente não precisa ou não quer o dinheiro.

A solução acima é um sistema muito básico, mas à medida que o seu negócio cresce, obviamente você trará um sistema mais profissional para lidar com a escala.

Certifique-se de saber quem é responsável pelo pagamento das faturas. Não adianta enviar fatura ao diretor administrativo se ele tiver um contador.

Descubra o processo de pagamento com antecedência e siga-o à risca. Talvez precise ser assinado por outra pessoa primeiro? Receber o pagamento dentro do prazo pode ser muito mais difícil do que fazer a venda original.

A maioria das empresas paga em condições de crédito de 30 a 60 dias, mas se você interpretar mal o processo, essa escala de tempo poderá facilmente dobrar de duração, o que poderá causar sérios problemas de fluxo de caixa para o seu negócio.

Teste e aperfeiçoe o modelo

Até aqui:

- Você identificou seus pontos fortes
- Você identificou seus clientes-alvo
- Você planejou sua abordagem
- Você transformou sua empresa em uma entidade legal
- Você vendeu, entregou e faturou seu produto ou serviço

Agora é hora de analisar o que você fez e quando fez.

Abaixo estão algumas perguntas que você deve se perguntar. Se você fez anotações no início do processo, documentou cada etapa, com prazos, recursos necessários, custos de cada processo, etc., será muito mais fácil chegar a esta etapa.

- Você poderia acelerar o processo de vendas? Você não pode mudar as ações do cliente, mas pode melhorar suas próprias ações.
- Quantos clientes potenciais você contatou e qual foi a taxa de resposta?
- Quanto tempo durou o ciclo de vendas?
- Existe alguma maneira de reduzir custos nesse processo?
- Algum dos processos pode ser automatizado ou simplificado?
- Você usou diferentes formas de marketing e qual teve mais sucesso?
- Houve algo que você poderia ter feito melhor para prestar o serviço?
- Que feedback o cliente lhe deu?
- Você poderia entregar o serviço mais barato ou com mais eficiência?

- Você pode simplificar o processo de entrega?
- Como você manterá o mesmo padrão de entrega?

O objetivo aqui é aperfeiçoar seu modelo de negócio. Isso é algo que a maioria das empresas não faz. Quando alcançam vendas, acreditam que seu negócio está aperfeiçoado. Eles acreditam que já possuem o processo e o modelo de negócios ideais, independentemente de isso poder ser feito de forma mais eficiente e gerar dez vezes mais lucro.

Você fará isso agora, mas também fará isso em 6 meses, 1 ano, 2 anos, 3 anos, 5 anos e assim por diante. Com mudanças tecnológicas contínuas, você pode melhorar a eficiência do seu próprio processo com muita facilidade. Se seus rivais não fizerem isso, você estará um passo à frente e, potencialmente, também o tornará mais lucrativo. Já vi muito isso, especialmente em empresas familiares mais antigas, que não conseguiram compreender a tecnologia. Já vi alguns que ainda usam máquinas de escrever em vez de computadores.

Você consegue imaginar o quanto seu negócio é mais eficiente se comparado a esse tipo de negócio?

As empresas que não acompanham as mudanças ou não as combatem acabam morrendo. Um exemplo típico de empresa que não acompanha as mudanças são as grandes redes de locadoras de vídeo. Quinze anos atrás, o aluguel de vídeos e DVDs era um grande negócio. Havia locadoras em todos os shopping centers e em todas as ruas principais. Compare isso com agora, quando podemos assistir a qualquer filme que quisermos, seja on-line ou por meio de pagamento por visualização por meio de uma TV digital, um serviço que está presente em muitos lares com uma televisão moderna. Assim, por um custo muito baixo todos os meses, podemos assistir a quantos filmes quisermos.

As grandes redes de locadoras de vídeo devem ter considerado que a internet iria falhar e seu modelo de negócio seria seguro. Que erro eles não terem abraçado a mudança e se reposicionado no mercado em mudança.

Coloque um plano em prática

Tudo bem até agora:

- Você identificou seus pontos fortes
- Você identificou seus clientes-alvo
- Você planejou sua abordagem
- Você transformou sua empresa em uma entidade legal
- Você vendeu, entregou e faturou seu produto ou serviço
- Você aperfeiçoou seu modelo de negócios

Agora você precisa planejar com base em suas experiências até agora.

É aqui que entra o seu plano de negócios. É neste ponto que você pode potencialmente abordar alguém para obter financiamento. Você pode construir projeções com base em exemplos da vida real. Não sou um grande fã de planos de negócios; Acho que são uma ferramenta que tem sido usada pelos bancos como modelo para tomar decisões. Acho que eles não representam verdadeiramente uma empresa ou seus proprietários e também exigem muito tempo e recursos para serem montados.

Um plano de negócios pode ser elaborado de forma excelente por um estudante universitário, mas não significa nada sobre a viabilidade do negócio para obter investimento. É tudo apenas uma grande lista de desejos. A menos que você tenha uma bola de cristal, como poderá prever o futuro?

Dito isso, precisamos apresentar nossos resultados em algum formato, e se for um banco que você procura para obter financiamento, infelizmente você terá que seguir seus procedimentos e construir um plano de negócios. Reserve 6 semanas em seu calendário e você estará quase terminando.

Se você escolher esse caminho, peça ao seu banco um modelo de plano de negócios que ele usa. Isso lhe dará uma ideia dos pontos mais importantes que eles desejam ver abordados no plano. Já desenvolvi um plano e o entreguei, apenas para descobrir que eles não o aceitariam, pois não estava no "formato aprovado" para layout, etc. é importante para essas pessoas; Era mais sobre se eu poderia seguir seus procedimentos.

Penso que existem melhores opções para financiar uma empresa do que através dos empréstimos bancários tradicionais, como o crowdfunding, o investimento em ações ou uma combinação dos dois.

Na maioria das vezes, os bancos não emprestam para uma empresa iniciante, a menos que você tenha níveis significativos de ativos pessoais sobre os quais eles possam assumir. Pessoalmente, nunca tentaria pedir dinheiro emprestado a um banco para "novas" ideias. A dívida só deve ser usada para uma empresa que já tenha um bom fluxo de caixa. A dívida está essencialmente pagando o que já existe.

Para novos negócios ou novas ideias para o crescimento de um negócio devem ser financiados por investimentos de capital. Embora seja extremamente difícil encontrar financiamento para uma pequena empresa, dei uma breve visão de alguns caminhos diferentes que você pode considerar.

Capital de risco

Os fundos de capital de risco investem em empresas iniciantes e em estágio inicial. Eles estão focados principalmente em empresas que podem se tornar um negócio de bilhões de dólares nos próximos 6 a 8 anos.

Se a sua ideia de negócio não conseguir atingir uma receita de US$ 100 milhões de dólares nos próximos anos, eu procuraria outro lugar. A maioria dos fundos de capital de risco tende a concentrar-se em empresas tecnológicas, uma vez que estas dependem menos de pessoas ou de recursos físicos, pelo que crescem muito rapidamente.

Investidor angelical

O título de investidor anjo era anteriormente reservado apenas para pessoas físicas com alto patrimônio líquido, mas essa faixa agora está aberta a qualquer pessoa com uma pequena poupança no banco. Embora ter acesso a mais pessoas possa ser uma coisa boa, também existem desvantagens importantes, especialmente quando alguém sem experiência empresarial está tentando lhe dizer a melhor maneira de administrar seu negócio. O outro lado disso é aceitar o dinheiro, mas também não ter orientação alguma.

Se você encontrar um investidor HNW (alto patrimônio líquido) neste pool, ele provavelmente desejará se envolver e, se tiver a experiência certa no setor e as conexões, isso será apenas uma coisa boa - mas neste pool em expansão, isso parece ser um achado raro hoje em dia.

Existem muitas redes de investidores anjos disponíveis para adesão por uma pequena taxa anual, e normalmente você pagará uma taxa de financiamento de cerca de 5% do capital levantado

Financiamento colaborativo

O crowdfunding é basicamente um grupo de investidores em que cada um coloca uma pequena quantia de dinheiro em um fundo central. O pote então obtém participação no seu negócio.

Geralmente, ao arrecadar dinheiro por meio de crowdfunding, você precisa ter cerca de 70% do dinheiro já arrecadado por meio de sua rede, para concluir a arrecadação de fundos.

Isto se deve em parte ao fato de outros investidores terem visto o impulso na captação de fundos. Com muitas oportunidades de crowdfunding, você receberá um prazo específico para obter investimento. Se você não conseguir arrecadar 100% do dinheiro necessário, o investimento de todos será devolvido a eles e você não receberá nenhum dinheiro.

Com o crowdfunding, é muito raro que você tenha qualquer interação com investidores individuais, pois pode haver 1.000 ou mais investidores, portanto, se você está procurando orientação ou suporte comercial, este provavelmente não é o melhor caminho para você. Ao receber um investimento por esta via, normalmente você pagará uma taxa de financiamento de até 5% do capital levantado

Subsídios

Ocasionalmente, os subsídios estão disponíveis para certos tipos de negócios. Isto normalmente depende de quais são as prioridades do governo local ou se você está prestando um determinado tipo de serviço. Estes podem variar desde incentivos, como impostos baixos por 3 anos, ou podem incluir serviços gratuitos se você estabelecer seu negócio em um local específico ou em instalações comerciais com descontos.

Normalmente, para garantir dinheiro por meio de um subsídio, você deve primeiro gastá-lo antes de recuperá-lo. Este pode ser um processo muito demorado. Vale a pena trabalhar com uma empresa profissional de redação de propostas se você estiver interessado em garantir esse tipo de apoio financeiro. Algumas indústrias que normalmente são favoráveis à emissão de subsídios incluem hotelaria, pesca e agricultura e energia renovável.

Programas de Incubadora

Um programa de incubadora é normalmente um programa de curto prazo para ajudá-lo a montar o negócio, bem como obter uma prova de conceito. Eles normalmente fornecerão conselhos de mentoria, bem como educação para ajudá-lo a começar. Ocasionalmente, eles apresentarão você a uma rede de clientes em potencial ou, em algumas incubadoras, serão gerenciados em nome de grandes marcas corporativas, como *British Airways*e procuram produtos ou serviços que possam agregar ao seu próprio negócio. Para saber mais sobre incubadoras corporativas, consulte uma empresa chamada *L Marcas,* eles administram programas de incubadoras em nome de muitas marcas corporativas.

Ocasionalmente, as incubadoras também têm acesso a investidores anjos no seu setor. Um programa de incubadora pode durar de algumas semanas a seis meses. Embora normalmente você não obtenha financiamento deles, muitos oferecem espaço de trabalho gratuito ou com desconto, bem como suporte comercial para ajudá-lo a se mudar.

Ao conversar com qualquer fonte de financiamento, há algumas áreas importantes de informações que você precisará comunicar a eles, seja por meio de um plano de negócios tradicional, de uma apresentação de argumento de venda ou de uma apresentação de argumento de venda.

Listei algumas áreas nas quais focar. Observe que tudo isso deve se basear no que já aconteceu em seu negócio até agora.

Se você prevê alcançar uma venda a partir de 50% das metas que você aborda, quando no passado você conseguiu apenas 2%, seus planos serão descartados, pois você não tem nada para respaldar suas previsões. Se suas projeções forem baseadas em suposições, tente provar ou quantificar o maior número possível de suposições, para eliminar dúvidas do processo.

1. Marketing
- Que marketing devemos fazer?
- Que resultados esperamos?
- Quanto isso nos custará?
- Quando precisaremos pagar por isso?

2. Vendas
- A partir do nosso marketing, que vendas alcançaremos?
- Quando alcançaremos essas vendas?

- Qual valor esperamos que essas vendas tenham?
- Quanto tempo levará para desenvolver essas vendas?
- Quanto tempo precisaremos dedicar às vendas?

3. Entrega
- Quanto custará para entregar nosso produto/serviço?
- Existe algum tempo de espera dos nossos próprios fornecedores?
- Haverá alguma redução de custos devido ao dimensionamento do negócio?
- Os custos aumentarão à medida que aumentarmos a escala?
- Quanto recurso será necessário para atender a demanda?
- Teremos fornecedores e funcionários para pagar, quanto e quando?
- Quanto lucro teremos?

4. Lucratividade

- Quanto precisamos investir em marketing para conseguir um salário digno?
- Qual será o salário dos proprietários/diretores do negócio?
- Quanto precisamos investir em marketing para conseguir um salário confortável?

5. Fluxo de caixa e investimento
- Com base nas projeções, quando precisaremos de dinheiro extra para investir no negócio?
- De quanto investimento precisamos?
- Para que será utilizado o investimento?
- Como você avaliou seu negócio para investimento?
- Se for financiamento por dívida, quanto tempo levará para reembolsar o financiamento?
- Quanto investimento os proprietários podem colocar no negócio e quanto foi investido até o momento?

6. Plano de negócios
- Que obstáculos a empresa enfrentará à medida que crescer?
- Como contornaremos esses obstáculos?
- Por que somos diferentes dos demais fornecedores do mercado?

Obstáculos

Incluí este capítulo mais como uma observação lateral ao resto do livro, em vez de uma instrução. Nos capítulos anteriores, conduzi você em uma jornada desde a reflexão sobre sua ideia de negócio até a transformação dela em uma pequena empresa em estágio de pré-crescimento.

Agora veremos alguns dos obstáculos que uma empresa pode enfrentar em seus estágios iniciais.

1) Fluxo de caixa de curto prazo

2) Encontrando o negócio/modelo certo

3) Reputação e tornar-se conhecido

4) Fazendo o salto de estar empregado

5) Não ter experiência empresarial relevante

Fluxo de caixa de curto prazo

Ninguém sabe exatamente de quanto dinheiro eles precisarão, mas existem maneiras de minimizar esse impacto no seu negócio. O melhor processo é fazer as etapas de planejamento enquanto você está empregado e enquanto recebe um salário de tempo integral. Se você pode administrar seu negócio enquanto ainda tem um emprego remunerado, escolha essa opção.

Aprenda a viver com praticamente nada. Reduza suas despesas, mude para uma casa menor, se for prático e mais barato, depois alugue um quarto na casa de outra pessoa, ou talvez se você tiver quartos vagos em sua própria casa, alugue-os para outras pessoas. Tente ter algum tipo de outro fluxo de receita entrando em sua casa, apenas para pagar despesas básicas de subsistência

À medida que você progride em seus negócios, não sobrecarregue seu saldo bancário. Faça isso usando sua experiência de teste como um guia para saber quais serão seus resultados no futuro. Com o passar do tempo, seus resultados anteriores irão melhorar. Sempre que possível utilize apenas cheque especial e cartão de crédito como fundos emergenciais que podem ser repostos em poucos dias. Eles são extremamente caros e sua empresa não deve depender deles para fazê-los funcionar. Se isso acontecer, então altere-o.

Procure sempre administrar seu negócio como se não pudesse acessar essas formas de financiamento de curto prazo.

Pode chegar um momento no futuro em que você não terá essas instalações disponíveis, portanto, configurá-las desta forma agora ajudará seu negócio a crescer sem depender de financiamento externo.

Encontrando o negócio/modelo correto

Se você seguiu os passos desde o início, agora terá identificado seu tipo de personalidade. Este é provavelmente o maior e mais importante passo para encontrar o negócio certo para você.

Encontrar o modelo de negócios certo é uma questão de tentativa e erro até chegar à perfeição. Você não quer ser igual a todas as outras empresas do setor, mas também não precisa reinventar a roda. Apenas melhore de uma pequena maneira. Quando inventaram o pneu, não foi para substituir a roda; era para melhorar a experiência recebida ao usar o volante. Faça o mesmo com o seu negócio e você terá uma estratégia vencedora.

Reputação/Tornar-se conhecido

É difícil se tornar conhecido em pouco tempo. Sua posição ideal é estar na mente de todos os seus clientes-alvo.

Sua reputação é o que fará ou quebrará seu negócio. Vivemos em um mundo em que as pessoas gostam de reclamar e, infelizmente, a maioria também gosta de fazer parte do drama. Se você fez algo errado, conserte imediatamente ou sua empresa morrerá da noite para o dia.

Trabalhar com sua rede de conexões existente aumentará significativamente suas chances de sobrevivência, pois você já conquistou a confiança delas.

Concentre-se em proporcionar uma boa experiência e seu negócio crescerá em tempo útil.

Fazendo o salto de estar empregado

Começar um negócio por conta própria não precisa ser o obstáculo assustador que muitas pessoas prevêem que o processo seja. Faça seu planejamento enquanto ainda estiver empregado.

Quando você tiver concluído seu planejamento e estiver pronto para iniciar seu negócio, vale sempre a pena perguntar ao seu empregador se ele considerará empregar você/sua empresa como autônomo em regime de meio período. Esta opção pode poupar o dinheiro do seu empregador e também lhe dar mais dinheiro no seu bolso - dependendo das regras fiscais do seu país específico.

Como regra geral, você deve ter como objetivo economizar pelo menos 3 meses de salário, o que, esperançosamente, lhe dará cerca de 6 a 9 meses de espaço para respirar se você tiver reduzido suas despesas. Você também precisará do apoio moral de seu parceiro/família neste momento.

Experiência em negócios

A maioria das pessoas que estão começando nos negócios só teve experiência prática e nunca estiveram realmente envolvidas na administração real do negócio no back-end. Esta é uma parte essencial do sucesso empresarial e, sem "conhecimento empresarial", você não durará muito.

Enquanto você ainda tem um emprego remunerado, verifique se a autoridade local/grupos empresariais realizam algum tipo de treinamento inicial, como marketing, administração, networking ou conscientização financeira. Isso será inestimável para você, e a maioria dos treinamentos que vi tendem a ser gratuitos se você ingressar no grupo.

Este também é um bom momento para conhecer outras pessoas na mesma situação que você. Você pode trocar ideias e até mesmo ajustar as ideias existentes para torná-las melhores.

Essas outras pessoas também poderão algum dia se tornar seus clientes em potencial, então comece a construir seus relacionamentos desde o início.

Como um dos pontos finais deste capítulo, gostaria também de discutir alguns medos que às vezes impedem as pessoas de iniciar a jornada de iniciar seu próprio negócio.

Normalmente são:

- Medo de falhar
- Medo da falência
- Falta de diploma universitário

Medo de falhar

Não deixe que o medo do fracasso o impeça de perseguir seu objetivo. Veja os maiores líderes empresariais do mundo. Muitos deles tiveram alguns fracassos gigantescos durante seu tempo, alguns ainda sofrem agora.

Eles usam as falhas como forma de aperfeiçoar seu modelo de negócios e aprender com a experiência. O fracasso não é o fim da sua jornada – é o começo de sua nova jornada de aprendizado. Veja alguns dos líderes empresariais de maior destaque, Simon Cowell, Steve Jobs, Richard Branson. Eles cometeram erros, mas aprenderam com eles e acabaram tornando seu sonho realidade.

Medo da falência

Em algum momento no futuro, você poderá chegar perto da falência. Isso não significa que você deva esperar que isso aconteça. Aconselho, no entanto, que você reduza a responsabilidade ou o impacto negativo sobre você e sua família antes que isso aconteça. Isso pode acontecer a qualquer momento; seu negócio pode estar voando alto, mas então você acorda com a notícia de uma crise econômica ou um grande cliente decide não pagar e BOOM, está tudo acabado.

Imagine acordar e descobrir que as instalações da sua empresa foram totalmente queimadas. E se você fosse atropelado por um motorista que passava e ficasse em coma por 3 meses? Como sua empresa sobreviveria a esses tipos de incidentes?

Configure o seu negócio de forma a evitar qualquer dano caso tais exemplos aconteçam com você e sempre certifique-se de pagar você mesmo. Se você não tiver nenhum dinheiro pessoal em reserva e o pior acontecer, você também acabará em falência pessoal. Justamente quando você pensava que as coisas não poderiam piorar.

Reduza o risco: prepare-se com antecedência.

Falta de diploma universitário

Alguns dos maiores nomes do mundo dos negócios não terminaram os estudos. A maioria não tem qualificações. Não deixe que o sistema educacional, com todos os seus rótulos, defina o resto da sua vida. Você não precisa ser bom na escola para ter sucesso nos negócios. Pessoalmente, acho que funciona de maneira oposta.

Encontre sua paixão, use seus pontos fortes, trabalhe duro e com inteligência. O único grau que você precisa é um grau de persistência.

Problemas de saúde e deficiências

Muitos dos principais empresários do mundo também foram diagnosticados com todos os tipos de condições e rótulos. Quer se trate de dislexia, dispraxia, TDAH, autismo, diabetes ou uma série de outras deficiências físicas. Essas pessoas se tornaram bilionárias apesar de serem rotuladas com essas condições. Muitos desses rótulos são criados pelo sistema para impedir que "os brilhantes" façam acontecer alguma coisa em suas vidas.

Há uma razão espiritual por trás disso, que é assunto para outro livro. Não deixe que o sistema defina como você vive sua vida ou o que você pode alcançar. O sistema foi projetado para produzir escravos robóticos compatíveis.

É hora de avançar. Você foi colocado neste planeta para algo maior do que pode imaginar agora. Pare de colocar desculpas no caminho e siga em frente.

Conclusão

Ao longo deste livro, examinamos as etapas para transformar suas ideias de negócios em realidade. Nunca é um processo fácil, mas é definitivamente um desafio. Se você gosta de novos desafios, vai gostar desse processo. Se você vê os desafios como algo negativo, então começar um negócio não é certo para você.

Eu não vou mentir para você. Haverá dias em que você gostaria de não ter começado esta jornada. Todos os dias você terá portas batidas na sua cara, terá pessoas negativas ao seu redor contando os motivos pelos quais você não pode fazer isso ou não funcionará. Depende de você como contornar essa negatividade. Para mim, pessoalmente, é um verdadeiro esgotamento emocional. Prefiro ficar completamente longe de conversas negativas. A visão deles sobre a vida é baseada em sua própria capacidade de reverter uma situação, não na sua, então não dê atenção e continue.

Se você falhar, aprenda com a experiência e faça as coisas de maneira diferente da próxima vez para evitar cometer os mesmos erros. Tire a poeira, durma e comece novamente no dia/semana/mês/ano seguinte.

Voltar a ter um emprego remunerado afetará seriamente a sua autoconfiança - é muito pior do que o sentimento inicial de fracasso, por isso, se for possível, volte e comece o seu negócio novamente, assim que puder.

Você enfrentará um novo problema todos os dias. Nos primeiros anos, você não terá dinheiro. Você aprenderá a viver com muito pouco dinheiro e aprenderá muito mais sobre negócios do que jamais aprenderia na universidade ou em um emprego remunerado. Esperamos que, se você seguir algumas dicas deste livro, não começará sua jornada às cegas. Congratulo-me com qualquer pessoa que entre em contato comigo e me diga como você está em sua jornada.

Quando você se estabelecer em seu mercado, dê uma olhada no meu próximo livro, *'EXPANDIR: As 7 etapas fundamentais para expandir seu negócio'*, que leva você ao próximo estágio de sua jornada de negócios.

Sobre o autor

Wayne Fox é um reiniciador de negócios, disruptor do setor, desenvolvedor de propriedades comerciais, futurista, autor de best-sellers e investidor. Diretor do grupo Enyaw, uma empresa de investimentos com sede no Reino Unido que investe em *'estilo de vida de liberdade'* empreendimentos. Ele tem experiência em alcançar um crescimento de receita de 7 e 8 dígitos em empreendimentos anteriores de PMEs.

Meus links on-line:

Site Wayne Fox: www.wayne-fox.co.uk

Grupo Enyaw: www.enyawgroup.com

Enyaw Capital: www.enyawcapital.com

Propriedade Enyaw: www.enyawproperty.co.uk

Linkedin: https://www.linkedin.com/in/waynefoxuk

Twitter: https://twitter.com/WayneFoxUK1

Instagram: https://www.instagram.com/waynefoxuk

YouTube: https://www.youtube.com/@WayneFoxUK

Udemy: https://www.udemy.com/user/wayne-fox-6

www.ingramcontent.com/pod-product-compliance
Lightning Source LLC
Chambersburg PA
CBHW050216230526
45470CB00001B/417